写给孩子的传统文化

中国博物馆协会社会教育专业委员会郑重推荐

博悟之旅
教师指导用书
规 则

中国国家博物馆
史家教育集团　编著

天津出版传媒集团
新蕾出版社

图书在版编目（CIP）数据

博悟之旅．教师指导用书．规则 / 中国国家博物馆，史家教育集团编著．-- 天津：新蕾出版社，2018.1
（写给孩子的传统文化）
ISBN 978-7-5307-6612-5

Ⅰ．①博… Ⅱ．①中… ②史… Ⅲ．①博物馆—历史文物—中国②中华文化 Ⅳ．① K87 ② K203

中国版本图书馆 CIP 数据核字 (2017) 第 286063 号

书　　名：	博悟之旅．教师指导用书．规则 BOWU ZHI LV JIAOSHI ZHIDAO YONGSHU GUIZE
出版发行：	天津出版传媒集团 新蕾出版社

http：// www.newbuds.cn

地　　址：	天津市和平区西康路 35 号（300051）
出 版 人：	马梅
电　　话：	总编办（022）23332422 发行部（022）23332676　23332677
传　　真：	（022）23332422
经　　销：	全国新华书店
印　　刷：	北京盛通印刷股份有限公司
开　　本：	787mm×1092mm　1/16
字　　数：	205.3 千字
印　　张：	14
版　　次：	2018 年 1 月第 1 版　2018 年 1 月第 1 次印刷
定　　价：	85.00 元

著作权所有，请勿擅用本书制作各类出版物，违者必究。
如发现印、装质量问题，影响阅读，请与本社发行部联系调换。
地址：天津市和平区西康路 35 号
电话：（022）23332677　邮编：300051

主　编：吕章申
副主编：黄振春　王　欢　洪　伟

编　委（按姓氏笔画排序）：
王建平　古建东　白云涛　冯婧英　李六三
张　毅　陆　军　陈凤伟　陈成军　范汝梅
金　强　南春山　姜　婷　郭　鸿　谢小诠

学术指导：
齐吉祥　贾美华　杨德军

丛书策划：
王　欢　洪　伟

课程设计：
黄　琛

教学设计：
郭志滨

课程审定：
李耀申　丁雁玲　王　凯　宋浩志　戈海宁
孙智昌　万　福　任长松

本册主编：
陈　燕　鲍　彬

本册编写成员（按姓氏笔画排序）：

王　华	王　静	王　瑾	王秀鲜	从　雅
朱　文	乔　红	刘　丹	刘　悦	闫　欣
李　昂	李　雪	李红卫	李惠霞	张　伟
张　滢	张春艳	林　琳	赵　苹	赵惠霞
郝爽君	高立公	高江丽	高金芳	海　琳
容　戎	曹艳昕	崔　敏	韩　玥	景淑节
鲍　彬	满文莉	蔡　琳	翟玉红	

序言

在我国，青少年接受教育的主要场所是学校，而博物馆教育是社会教育的重要组成部分。博物馆的社会教育与学校基础教育虽然存在着很大的不同，它们是两个不同体系、不同模式、不同评价标准和不同教学方法的教育领域，却具有不可缺少的互补性。

博物馆教育用见证中华民族灿烂文明的文物让学生在观察、聆听、触摸、扮演、制作中体验、了解中国智慧与信仰。学校教育则具有系统性、强制性、连续性等特点。二者是平等且互补的。

提升学生核心素养是当代教育改革的重中之重，当前课程改革的内涵已经不只是对教材的改革，而更多的是对学生学习方式和人才培养模式的重构与变革。随着"博悟之旅"系列图书在课堂上的使用，史家教育集团开启了对博物馆课程教学的探讨与研究。由于博物馆教育资源的引入，教师所面对的教学素材已经从单一的学科教材转变为"学科教材＋博物馆系列课程教材＋多学科的学习元素"的多元融合式教学资源。课堂内容变得更加丰富、更加开放、更加灵活、更加综合……这促使教师不断创新、探索，从而使得纷繁的教学资源融汇到有限的课堂教学中去。

本套教师指导用书是对"创造""尊重""责任""生命"和"规则"五个主题的再解读。整套图书紧紧抓住教师教学的前、中、后三个阶段，就如何调动全日制小学阶段全学科知识，实现博物馆与学校教育有机融合给出了行之有效的操作方法。

传统文化教育是未来教育的重要内容，用传统文化教育培育当代青少年的人文底蕴、理性思维、探究精神、信息意识、责任担当等核心素养，是文化的传承，更是时代的需求。每一位教师都应成为祖国文化的传承者。

谨以此书为提升中华优秀传统文化教育的师资队伍水平尽绵薄之力。

伊道恩

中国教育学会中学语文教学专业委员会副理事长

2017年9月

目录
MuLu

第一章	金石音律	1
第二章	军纪严明	7
第三章	行路守则	15
第四章	中规中矩	21
第五章	立规成范	26
第六章	观星测时	33
第七章	锦衣冠盖	39
第八章	脊兽藏规	46
第九章	方升铭规	52
第十章	币显法度	60
第十一章	一诺千金	67
第十二章	为政之道	75

第十三章	公廉守规	……………………………	82
第十四章	守则报国	……………………………	90
第十五章	论语导行	……………………………	98
第十六章	衣冠礼乐	……………………………	109
第十七章	军纪严明	……………………………	117
第十八章	时代楷模	……………………………	125
第十九章	佩玉辨级	……………………………	132
第二十章	列鼎现制	……………………………	141
第二十一章	公平交易	……………………………	146
第二十二章	公正廉明	……………………………	151
第二十三章	华服蕴制	……………………………	159
第二十四章	黑白方圆	……………………………	166
第二十五章	货真价实	……………………………	172
第二十六章	以小见大	……………………………	179
第二十七章	座次礼仪	……………………………	186
第二十八章	适者生存	……………………………	195
第二十九章	军容整肃	……………………………	202
第三十章	实事求是	……………………………	209

第一章　金石音律

一、课程概述

本章以商代磬中之王——虎纹石磬为教学切入点。磬在商代是重要的礼乐之器，商人用以祭祀天地山川和列祖列宗。《尚书·益稷》载"击石拊石，百兽率舞"，描述的正是先民敲击石磬表演大型舞蹈的场景。根据使用数量、使用场所和演奏方式的不同，磬可分为单悬的特磬与成组的编磬两种。同时，人们在使用时，对磬的质地也有严格的规范。祭天地山川，需使用石磬；祭列祖列宗，则敲击玉磬。周制进一步规定，只有王宫的乐坛上才可以悬击石磬，诸侯如胆敢悬击石磬，那就是僭越，是大逆不道的行为。本章教学旨在通过介绍石磬等各种乐器的演奏规则和使用规则，引导学生发现生活中规则的重要性。

二、适用对象

一年级学生

三、教学方法

讲授法、启发式教学法、情境教学法。

四、目标维度

1. 使学生更好地感受音乐给生活带来的快乐。
2. 使学生对中国古代礼乐文化有初步的感知。
3. 对学生进行传统文化教育，激发学生自主探寻音律的规则，感受文化传承的魅力。

五、重点难点

教学重点：使学生更好地感受音乐给生活带来的快乐，使学生对中国古代礼乐文化有初步的感知。

教学难点：对学生进行传统文化教育，激发学生自主探寻音律的规则，感受文化传承的魅力。

六、前期准备

教师准备：课件、相关图片、音乐资料。

学生准备：预习乐理知识。

七、课时安排

2课时

八、关联课程

音乐　　六年级《茉莉花》

科学　　四年级《声音的变化》

九、流程导图

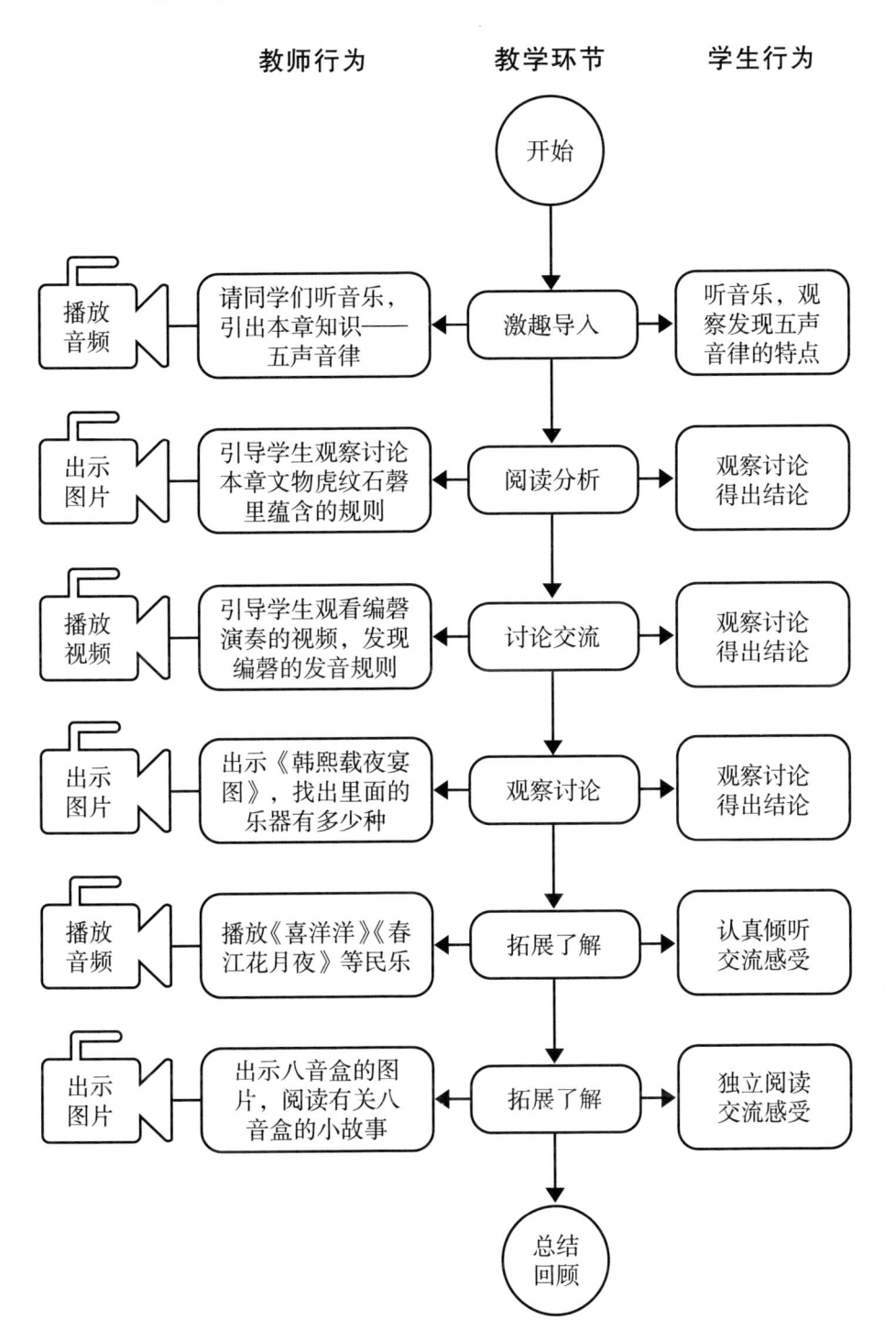

教师行为	教学环节	学生行为
	开始	
播放音频 — 请同学们听音乐，引出本章知识——五声音律	激趣导入	听音乐，观察发现五声音律的特点
出示图片 — 引导学生观察讨论本章文物虎纹石磬里蕴含的规则	阅读分析	观察讨论得出结论
播放视频 — 引导学生观看编磬演奏的视频，发现编磬的发音规则	讨论交流	观察讨论得出结论
出示图片 — 出示《韩熙载夜宴图》，找出里面的乐器有多少种	观察讨论	观察讨论得出结论
播放音频 — 播放《喜洋洋》《春江花月夜》等民乐	拓展了解	认真倾听交流感受
出示图片 — 出示八音盒的图片，阅读有关八音盒的小故事	拓展了解	独立阅读交流感受
	总结回顾	

十、实践教学

第一课时

（一）导入

播放音频：《茉莉花》

引导：我们来听一首流传很久的中国民歌《茉莉花》，会唱的同学一起唱吧！（教师提供乐谱。）

预设：学生识谱并跟唱。

引导：你发现这首歌的音符有什么特点？和我们平时哼唱的音阶有什么不同？

预设：少了两个音阶。

过渡：下面，老师给大家简单讲一讲我国古代的乐理知识。（教师介绍"五声音律"——宫、商、角、徵、羽。）

五声，又叫"五音"，古代指宫、商、角、徵、羽五个音，比较近似现代音乐简谱中的"1、2、3、5、6"，后来又加上二变，即变宫、变徵，变宫近似现代音乐简谱中的"7"，变徵近似现代音乐简谱中的"4"。五音加二变，合起来叫作"七音"或"七声"，这样就形成了一个七声音阶：宫（1）、商（2）、角（3）、变徵（4）、徵（5）、羽（6）、变宫（7）。

（二）新授

出示图片：虎纹石磬

引导：同学们，仔细看看，这块石磬上有什么图案？再想想，它是做什么用的呢？

预设：学生讨论交流。

引导：考古工作者在殷墟遗址中发掘出了这件虎纹石磬。这件文物雕刻得非常精细，你们看，它表面呈青灰色，正面雕刻着一只神气的老虎，只见它瞪大了眼睛，张开大嘴，露出尖牙，好像正在准备扑击猎物。在老虎的耳朵处有一个圆形的穿孔，使用的时候在圆孔处穿上绳子，可以悬挂起来。

小结：磬可分为单悬的特磬与成组的编磬。在使用时，人们不仅要考虑到特磬与编磬的区别，而且对磬的质地也有严格的规范。祭天地山川，需使用石磬；祭列祖列宗，则敲击玉磬。周制规定，只有王宫的乐坛上才可以悬击石磬，诸侯如胆敢悬击石磬，那就是僭越，是大逆不道的行为。敲击石磬的不同位置，发出的声音也不同，竟然还能分为五个乐音呢！

出示图片：战国时代的编磬

播放视频：编磬演奏

引导：把这些磬按照一定的顺序排列起来并按照一定的规则敲击，会发出怎样的声音呢？请你仔细倾听，通过小组讨论发现编磬的发音规则。

预设：学生观看视频后分组讨论。

（三）总结拓展

拓展：用细木棒或一根筷子敲击不同的杯子并认真倾听，敲击时它们发出的声音高低一样吗？请你试着按照音高来给杯子排队吧，有兴趣的话还可以把它们画下来！

第二课时

（一）导入

出示图片：《韩熙载夜宴图》

引导：这是中国古代名画《韩熙载夜宴图》，它描绘了南唐时期的大臣韩熙载在家中设宴歌舞行乐的场面。画中出现了许多乐器，你能认出哪些呢？

预设：琵琶、鼓、笛子、箫等。

过渡：我们来听听这些乐器演奏的乐曲吧。

播放音频：笛子、洞箫、琵琶、古筝的演奏片段

【设计意图】引导学生对古代乐器有初步的感知，感受到乐器发音的方式虽然各不相同，但都是按照乐音的规则来进行演奏的。

（二）新授

播放音频：《喜洋洋》《春江花月夜》等民乐

引导：听到这些乐曲，你想到了什么事情或什么场景？

预设：学生自由回答，教师引导学生体会不同的乐音按照不同的调式规则构成的乐曲，其所表达的感情色彩也是不一样的。

【设计意图】引导学生边听边想象画面，感受乐曲表达的情绪，并和同桌交流，增强学生的人际交往能力。

出示图片：八音盒

引导：你见过八音盒吗？这些悦耳动听的八音盒背后还有许多有趣的故事呢，谁能给大家讲一讲？（带领学生阅读有关八音盒的小故事，感受音乐带来的快乐。）

预设：学生积极发言。

（三）总结拓展

拓展：随着科技的发展和人们艺术欣赏需求的不断多样化，出现了许多新的乐器，你知道哪些呢？画一画吧！（教师指导学生讨论并动手绘制更多乐器的图画。）

总结：音乐是我们生活中不能缺少的，而在音乐和乐器中蕴含着规则，也传承着文化。学会欣赏音乐，尝试演奏乐器、演唱歌曲，会给生活带来无限的乐趣。

【设计意图】激发学生去自主探寻音律的规则，感受文化传承的魅力。

十一、拓展推荐

1. 参观中国国家博物馆、中国电影博物馆，寻找文物中的乐器和音乐。
2. 下载应用软件，欣赏古代画作中蕴含的音乐。
3. 尝试学习一种乐器或学唱自己喜欢的歌曲，感受音乐带来的快乐。

执笔人：张滢

第二章　军纪严明

一、课程概述

从认识文物——秦代的阳陵虎符开始本章教学。阳陵虎符是中国古代符节制度的代表，也是军队纪律的代表。教学过程旨在通过介绍秦杜虎符、铜虎节、西夏文敕牌、长随奉御出入宫禁牙牌等古代符节，使学生了解古代中国传达命令、调兵遣将、识别身份的规则，明白符节也是规则的代表，使学生最终了解生活中规则无处不在、无时不有，规则使我们的生活更有序、更精彩。

二、适用对象

一年级学生

三、教学方法

讲授法、情境教学法、实践教学法。

四、目标维度

1. 使学生了解阳陵虎符的外观、作用及秦代在调兵方面的军纪。

2. 使学生对中国古代军事文化有初步的感知，了解符节制度，明白规则无处不在、无时不有。

3. 对学生进行传统文化教育，帮助学生了解古代军纪中体现出的规则，感受中华传统文化的魅力。

五、重点难点

教学重点：使学生初步了解阳陵虎符的外观及作用，了解秦代为了维护国家长治久安，对于军队调遣有严格的规范。对秦杜虎符、铜虎节、西夏文敕牌、长随奉御出入宫禁牙牌、彩绘浮雕武士石刻进行简单介绍。

教学难点：使学生在学习过程中了解古人调兵遣将、传达命令、识别身份、出入关卡等都要遵守规则，感悟古代劳动人民对规则的高度遵守，明白现今生活中也有许多规则，树立自觉遵守规则的意识。

六、前期准备

教师准备：《信陵君窃符救赵》故事音频、图片资料、写有"令"字的一分为二的卡片。

学生准备：课前预习，查阅与本章相关的资料信息。

七、课时安排

2课时

八、关联课程

语文	一年级《动物王国开大会》
数学	三年级《小数的初步认识》
美术	三年级《画民间玩具》
美术	五年级《画门神》

九、流程导图

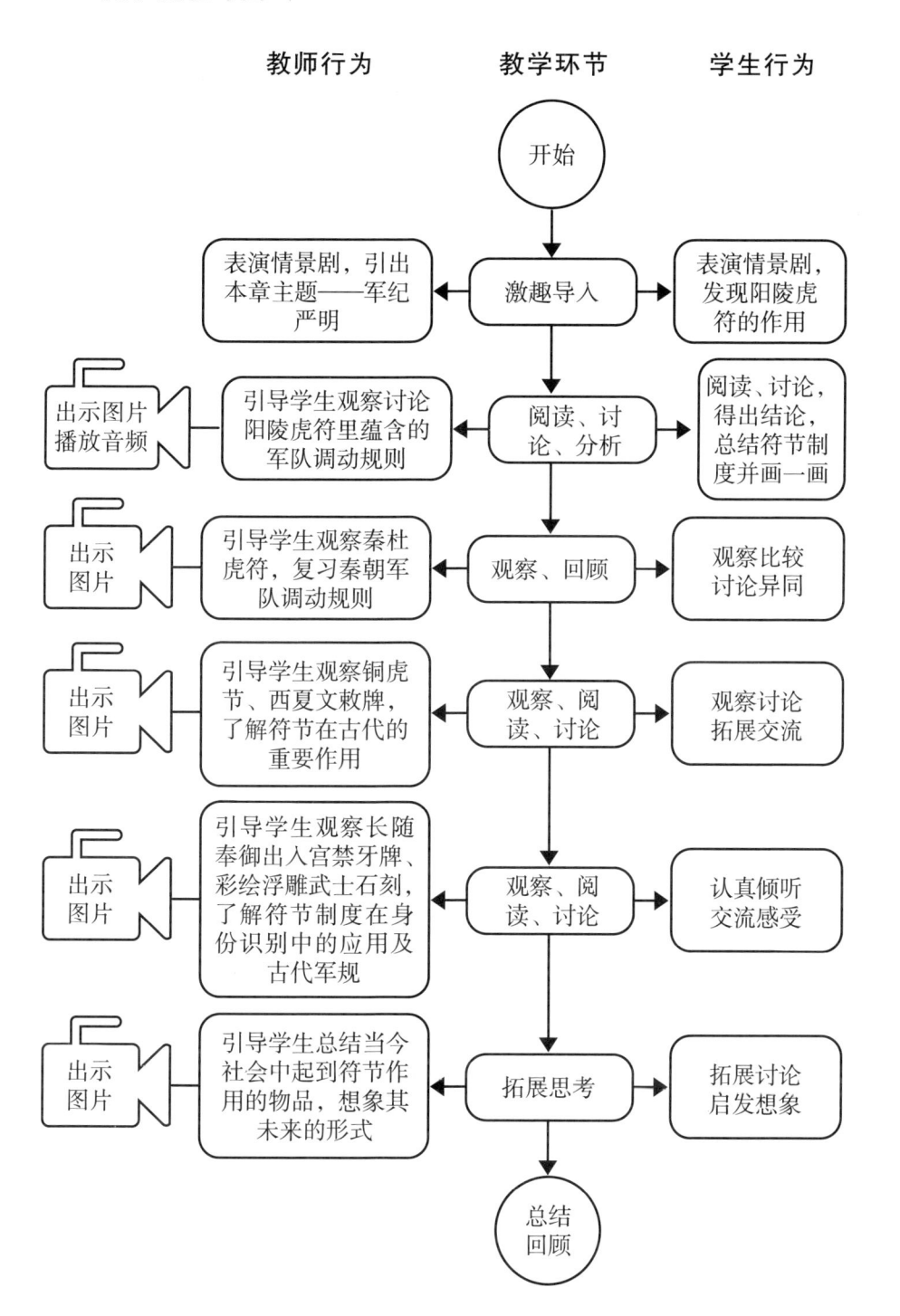

教师行为	教学环节	学生行为
	开始	
表演情景剧，引出本章主题——军纪严明	激趣导入	表演情景剧，发现阳陵虎符的作用
出示图片 播放音频 / 引导学生观察讨论阳陵虎符里蕴含的军队调动规则	阅读、讨论、分析	阅读、讨论，得出结论，总结符节制度并画一画
出示图片 / 引导学生观察秦杜虎符，复习秦朝军队调动规则	观察、回顾	观察比较讨论异同
出示图片 / 引导学生观察铜虎节、西夏文敕牌，了解符节在古代的重要作用	观察、阅读、讨论	观察讨论拓展交流
出示图片 / 引导学生观察长随奉御出入宫禁牙牌、彩绘浮雕武士石刻，了解符节制度在身份识别中的应用及古代军规	观察、阅读、讨论	认真倾听交流感受
出示图片 / 引导学生总结当今社会中起到符节作用的物品，想象其未来的形式	拓展思考	拓展讨论启发想象
	总结回顾	

十、实践教学

第一课时

（一）导入

引导：我们一起设想这样一个场景——有敌兵犯我边境，皇帝要调动军队迎战。同学们，古时候皇帝所在的京城和边关将领所驻守的边塞相距遥远，古代又没有现代化的通信设备，皇帝如何来调动军队呢？将领如何确定命令出自皇帝呢？

预设：学生讨论。

（二）新授

引导：你们的办法真多！那古人是用什么样的办法，既代表皇帝的威严又确保万无一失呢？我们来演一演。

情景剧：

皇帝（老师扮演）："授你信物，传我旨意，令大将军发兵迎敌！"

大将军（学生甲扮演，提前告知规则，给他一半"令"字卡片）："敌军犯我边境，究竟是攻是守？"

使臣（学生乙扮演，手拿另一半"令"字卡片）："传圣旨，大将军可发兵迎敌。"

敌方假使臣甲（学生丙扮演）："传皇上口谕，大将军不可轻举妄动。"

敌方假使臣乙（学生丁扮演，拿出假卡片）："传圣旨，请大将军率兵十万回京护驾。"。

引导：如果你是大将军，你怎样判断这三位使臣的真假？

预设：信物和大将军手中的卡片能吻合的是真使臣。

过渡：你们真聪明，古人和你们想的一样，他们就是用这种方法传达皇帝命令的，当然他们不可能用纸做信物，而是用"虎符"。

出示图片：阳陵虎符和虎符拓片

小结：请你观察一下，老虎的背上刻着十二个金色的字：甲兵之符，右在皇帝，左在阳陵。这句话的意思是：它是调动军队时使用的兵符，可以一分为二，平时右边的一半存放在皇帝那里，左边的一半放在驻守阳陵的将领那里。需要调动军队的时候，光凭口头命令可不行，要派使臣将右半边兵符拿到驻地与左半边兵符验合，只有合在一起准确无误才可以调兵遣将。通过这件文物，我们可以看出古代的军队有着严格的规章制度，只有这样才能打胜仗啊！

（三）总结拓展

引导：虎符的作用真大，有一个叫信陵君的人还曾用虎符挽救过一个国家呢。我们一起听一听《信陵君窃符救赵》的故事吧。

播放音频：《信陵君窃符救赵》

战国时，秦国派兵围攻赵国的都城邯郸。赵国向魏国求救，魏国派兵前去救赵。秦国听说魏国派兵救赵一事，派人去魏国威胁魏王，魏王屈服于秦国，下令前去救赵的魏兵按兵不动。赵王向魏国公子信陵君写信求救。信陵君曾为魏王的宠妃如姬报了杀父之仇，于是他拜托如姬从魏王那里盗出了兵符（虎符），从而夺取了兵权，率领几万精兵，奔赴邯郸，打败了秦军，解了邯郸之围。

【设计意图】通过生动形象的情景剧表演，把学生带回古代，身临其境地体会虎符在调兵遣将时所发挥的作用，感受古代军纪严明的重要性。

出示图片：阳陵虎符和旌节

总结：中国古代非常注重规则，而皇权就是规则的代表。下面，我们一起来了解一下皇权的体现之一——符节制度。

符是古代政治和军事活动中的重要信物。它可以用于识别身份，作为出入关卡、军营、要塞的凭证，又可以作为传达命令、调兵遣将的信物。

节是君主派出的使节所持的凭信，可以作为代表君主出征、监察、办理重大案件、出使外国等重大事务的证明。

拓展：虎符的作用真是太重要了！你也来画一只威风凛凛的老

虎吧！可以仿照文物的样子画，也可以根据生活中看到的老虎画。

【设计意图】从虎符这件起到信物作用的军事文物，引申到符节制度，使学生了解在祖国的传统文化中，符节制度是古人注重规则的表现。

第二课时

（一）导入

过渡：上节课我们了解了用以发兵作战的阳陵虎符。其实，在古代，符节还有很多不同的种类和作用呢！

（二）新授

出示图片：秦杜虎符

引导：你们认识这件文物吗？知道它有什么作用吗？

预设：秦杜虎符和阳陵虎符一样，都是用来调兵遣将的。它是中国现存的早期的调兵凭证之一，现存于陕西历史博物馆。

引导：同学们，你们知道调兵遣将用的符节为什么要做成老虎的造型吗？观察阳陵虎符和秦杜虎符，你发现了什么？想一想，老虎的形象与军队的形象有什么联系吗？

预设：老虎给人威武、凶猛的印象。国家和人民都希望自己的军队勇敢、威武、强大，打仗像猛虎下山一样勇往直前、所向披靡，这些和老虎的形象十分吻合。老虎也是王者的象征、胜利的象征，它将寓意自己的军队旗开得胜。

出示图片：铜虎节

引导：大家猜一猜，它是做什么用的？

预设：它是古代的交通凭证。在这只老虎的正面背上刻有文字，意思是说凡是拿着这块符节的人到驿站，吃、住、行都免费。

引导：我们已经认识了三件以虎为形象的文物。从古至今，人们创造出了很多和老虎有关的成语，你知道有哪些吗？

预设：学生分享答案。

小结：同学们的知识真丰富，老师也找到了一些，我们一起来读一读与虎有关的成语：虎口拔牙、龙潭虎穴、虎视眈眈、虎头蛇尾、调虎离山、饿虎扑食、放虎归山、卧虎藏龙、如虎添翼、与虎谋皮、敲山震虎、三人成虎。

出示图片：西夏文敕牌

引导：古代少数民族政权也有自己特有的规章制度。这两块西夏文敕牌相当于西夏王朝传递紧急文书、命令的符节，一块存在朝廷，另一块存在都城驿站，传递书信的使者要将两块符节合在一起才有效。同学们，你们知道在现代社会中我们传递书信都有哪些方式吗？请和你的同学讨论讨论。

预设：学生讨论并给出答案。

小结：你们说得很好，说明同学们平时能够留心观察生活。现代社会，我们通过邮局或互联网等平台传递书信。

出示图片：长随奉御出入宫禁牙牌

引导：同学们，你们知道故宫吗？要想去故宫参观怎样才能进去呢？对，要买票，凭着门票才能进去。明代时，那里可是皇城，是皇帝居住和办公的地方，门禁森严，可不是随便什么人都能出入的。古人想出了什么好办法呢？

预设：这块"牙牌"就是出入紫禁城的通行证。它叫"长随奉御出入宫禁牙牌"，是明代的内官"长随"出入宫使用的。

出示图片：彩绘浮雕武士石刻

引导：这位武士来头可不小。还记得前面阳陵虎符中提到，虎符一半在皇帝手里，另一半在将领手里吗？这位武士就有掌握另一半虎符的权力，他的官职叫节度使，名字叫王处直，他可是地方军队中的最高将领呢。不过他不是秦代人，而是唐代人。这件文物是从他的墓葬中出土的。彩绘浮雕武士石刻中武士的形象多么生动逼真啊！请你模仿着画一画。

预设：学生动手绘画。

【设计意图】通过观察了解几件文物，了解各种符节的不同作用，明白规则贯穿于古代社会的各个方面，感受中国传统文化的魅力。

（三）总结拓展

拓展：古时候，为了更好地执行国家的法律法规，古人创造出了作为凭证的工具——符节。古人要遵守规则，我们现代人在生活中也需要遵守规则。随着科技的发展，符节的材料、形式都在不断

13

变化，应用越来越广，但它发挥的作用并没有变，这些约束人们遵规守则的制度，今天还在沿用。当今社会，护照、身份证、门票、车票等都起着符节的作用。请发挥你的想象：在未来社会，符节还会以什么样的方式出现？把你想到的写下来或者画下来。（如电子票、二维码、指纹识别、人脸识别、移动终端密码等。）

总结：阳陵虎符是古代军规的重要体现，也是符节制度的一个缩影。遵守规则不仅对于军队来说至关重要，更关系到一个国家的兴衰，这一点不仅适用于古代，同样适用于现代。同学们，你们是祖国的未来，让我们从小就养成遵规守则的好习惯，长大后把祖国建设得更加繁荣富强！

【设计意图】结合古代的符节，了解现代社会起到符节作用的物品有哪些，明白现代社会也要遵规守则，感受到规则无处不在、无时不有。

十一、拓展推荐

1. 阅读《国宝的故事》第一册《能调动千军万马的铜虎符》这篇文章，加深对古代军事文化的了解，激发对传统文化的兴趣。

2. 参观中国国家博物馆、陕西历史博物馆、中国人民革命军事博物馆，了解中国古代军事文化，感知从古至今军纪的严明。

十二、注意事项

1. 学生年龄比较小，教学时要采用符合学生年龄特点的教学手段，直观、形象，形式活泼，尽量口语化。

2. 文物介绍中的文字内容对于低年级学生来说比较难以理解，教师授课时可以给学生范读、讲解，并结合插图帮助理解。

执笔人：王华

第三章　行路守则

一、课程概述

本章教学从"世界八大奇迹"之一的秦始皇兵马俑坑中出土的两件贵族乘坐的青铜车马引入，过渡到秦代的"车同轨"制度，通过"车同轨"引申到当今的交通规则，使学生明白各种交通工具都应该行驶在自己的"轨道"之中，我们应该遵守交通规则。同时，带领学生将话题进一步引申至生活当中有许多规则需要我们遵守，只有人人遵守规则，社会才会井然有序，生活才会温馨和谐。

二、适用对象

一年级学生

三、教学方法

讲授法、探讨法、启发式教学法、实践教学法。

四、目标维度

1. 认识文物铜车马的同时，知道秦始皇统一六国之后，国家对于交通出行就有了严格的规范。

2. 通过参观中国铁道博物馆、詹天佑纪念馆，了解詹天佑及京张铁路。搜集詹天佑的故事，开展小型故事会。

3. 明白马车、火车、汽车都行驶在自己的"轨道"之中，感悟生活当中有许多规则需要我们遵守。

五、重点难点

教学重点：明白马车、火车、汽车都行驶在自己的"轨道"之中，我们要遵守交通规则。

教学难点：由最熟悉的交通规则入手，引导学生明白生活当中有许多规则都需要我们遵守。

六、教学准备

教师准备：教学课件、相关图片、其他教学辅助资料。

学生准备：课前调查汽车车轮的间距。

七、课时安排

1课时

八、关联课程

语文	一年级《操场上》
语文	四年级《秦兵马俑》
美术	一年级《汽车的联想》
美术	五年级《生活中的标志》
品德与社会	三年级《遵守交规从我做起》

九、流程导图

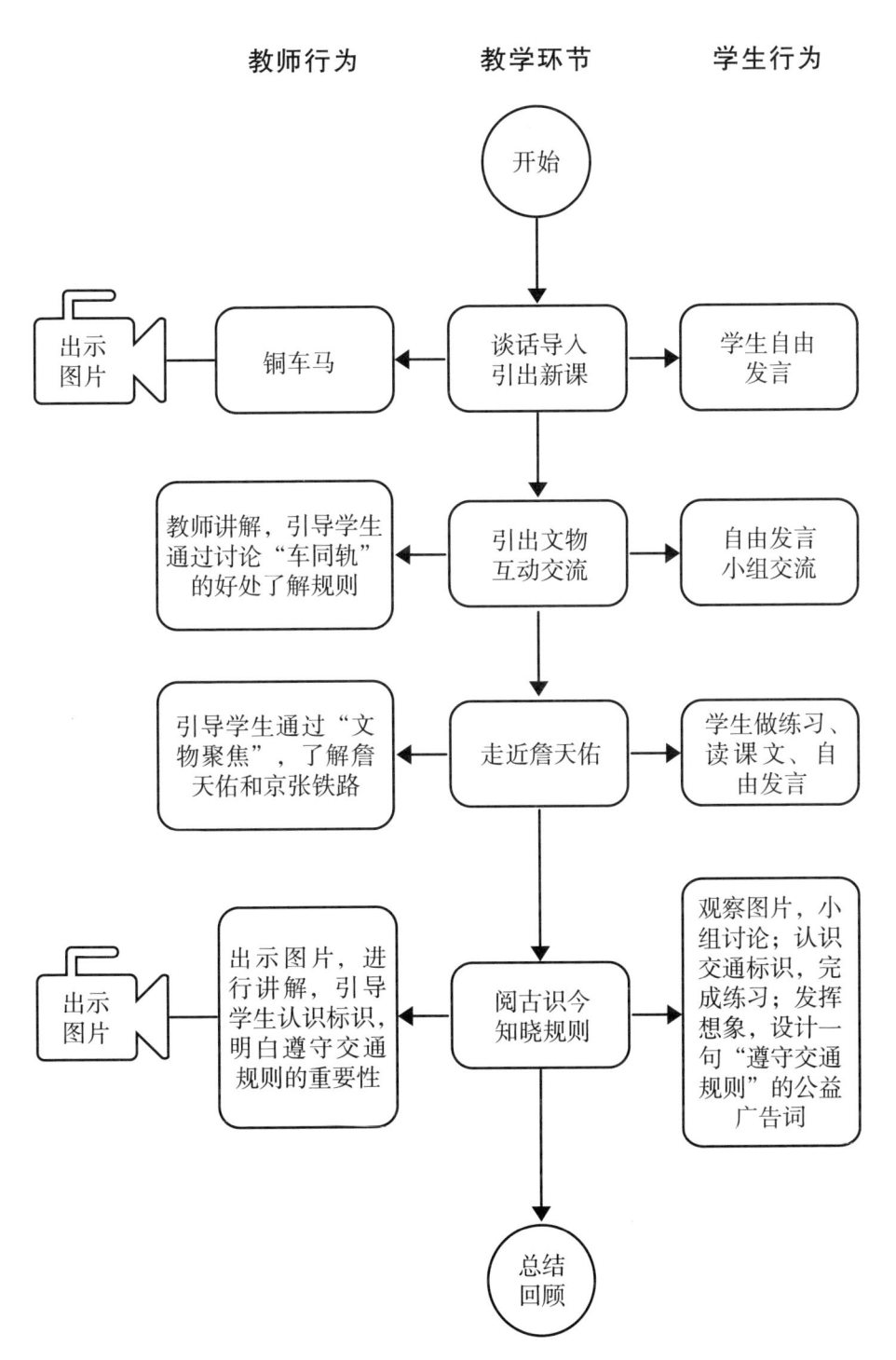

教师行为	教学环节	学生行为

开始
↓

出示图片 → 铜车马 ← 谈话导入引出新课 → 学生自由发言

↓

教师讲解，引导学生通过讨论"车同轨"的好处了解规则 → 引出文物互动交流 → 自由发言小组交流

↓

引导学生通过"文物聚焦"，了解詹天佑和京张铁路 → 走近詹天佑 → 学生做练习、读课文、自由发言

↓

出示图片 → 出示图片，进行讲解，引导学生认识标识，明白遵守交通规则的重要性 → 阅古识今知晓规则 → 观察图片，小组讨论；认识交通标识，完成练习；发挥想象，设计一句"遵守交通规则"的公益广告词

↓

总结回顾

十、实践教学

（一）导入

引导：同学们，你们能介绍一下我们生活中的交通工具吗？

预设：学生自由发言。

过渡：今天我们要认识的文物就是古时候的交通工具模型——铜车马。

（二）新授

1. 引出文物，交流互动

出示图片：铜车马

引导：请你认真观察，说一说你看到了什么。

预设：学生畅所欲言。

小结：大家说得都很好，接下来老师要和大家分享一下老师知道的关于这件文物的知识。（教师简单讲解。）

这件文物就是"世界八大奇迹"之一的秦始皇兵马俑坑中出土的两件贵族乘坐的铜车马。大家看，它们一前一后排列，各有四匹骏马拉载着"豪华车厢"，这是仿照秦始皇生前的乘舆而制造的。这两乘铜车马大小相当于真车马的二分之一，由将近七千个零部件组成，虽然埋藏在地下两千多年，修复后各个部分仍然可以灵活地牵动行进。

引导：同学们，大家已经做了课前调查，那么你能说一说你家的汽车左右两个前轮之间的距离是多少吗？

预设：学生自由发言。

引导：猜一猜，这两乘贵族乘坐的铜车马车轮之间的距离是多少？

预设：学生猜想。

过渡：这两乘贵族乘坐的铜车马车轮之间的距离是六尺，六尺大体相当于两米。

小结：秦始皇统一中国之前，列国没有统一的制度。各地的马车大小不一样，车道也有宽有窄。秦统一六国之后，政府规定车上两个轮子的距离要相同，为马车准备的驰道标准也相应规范了，这就叫作"车同轨"。

【设计意图】由文物"铜车马"，引出秦代的"车同轨"，通过师生、生生交流，使学生明白这样是为了让人们有规可守。

2. 走近詹天佑

引导：我国古代交通工具有两种，南方多为水路，主要使用船，北方多为陆路，习惯使用牲口拉的车。清代末年，在李鸿章的主持下，清政府修建了第一条铁路，从此，中国也有了属于自己的"钢铁怪物"。你知道我国的首位铁路总工程师是谁吗？

预设：詹天佑。

引导：你知道他修建的是哪条铁路吗？试着在书上选一选。

预设：京张铁路。

出示图片：詹天佑测绘京张铁路线的仪器

引导：詹天佑修铁路时还有一件宝贝一直跟随着他，今天我们一起来认识一下这件宝贝。你知道这是干什么用的吗？快点儿读一读书中对它的介绍，读完后说一说你的感受。

这台高 38 厘米、宽 33.5 厘米的测绘仪是詹天佑修建京张铁路时使用的。他利用这台仪器勘测线路，时刻都要求做到精密，他常对工作人员说："不能有一点儿马虎。'大概''差不多'这类说法不应该出自工程人员之口。"

3. 教师拓展学习方向

小结：周总理曾说，詹天佑是中国人的光荣。李四光曾说，詹天佑为当时受尽屈辱的中国人出了一大口气。在修铁路的过程中，詹天佑经历了很多困难，请你走进詹天佑故居，去了解一下詹天佑修铁路时使用的工具，并查查相关资料，找一找关于詹天佑修铁路的小故事。

【设计意图】通过了解詹天佑在修京张铁路时的故事、名人对他的评价，让学生明白做任何事都来不得半点儿马虎，要遵规守则。

（三）总结拓展

引导：古时候有"车同轨"，随着时代的变迁和科学技术的进步，可供人类使用的交通工具越来越多，它们各自都有自己的行驶轨迹，汽车行驶在马路上，轮船航行在海洋里，飞机飞行在天空中，这就是规则。生活中不管是行人还是汽车都应该做到各行其道。可就是有人做不到。不信？你看！

出示图片：违反交通规则的场景

引导：请你认真观察图片，小组讨论一下，说说他们错在哪儿。

预设：学生讨论并发言。

引导：我们想很好地遵守交通规则，就应该能区分一些交通标识。考考你，你认识这些标识吗？请你试着在书上连一连。

预设：学生完成练习。

拓展：据不完全统计，全国每年约有两万多名中小学生因交通事故伤残或死亡。交通事故已成为未成年人生命健康的头号"杀手"。请你发挥想象设计一句"遵守交通规则"的公益广告词。

【设计意图】通过小组讨论，发挥想象，设计一句"遵守交通规则"的公益广告词，让学生明白每种交通工具都应该行驶在自己的"轨道"之中，同时感悟到生活当中有许多规则需要我们遵守。

总结：同学们要牢记，"自由"就是车轮，而"规则"好比轨道。轨道虽然限制了车轮，却保证了车轮向正确的方向前进，规则对我们来说也是如此。交通规则我们要遵守，生活当中有许多其他的规则我们也要遵守。只有人人遵守规则，社会才会井然有序，生活才会温馨和谐。

十一、拓展推荐

走进詹天佑故居，了解詹天佑修铁路时使用的工具。同时，查阅秦代除了"车同轨"还实施了哪些有利于国家统一的规定，进一步了解规则的重要性。

执笔人：翟玉红

第四章　中规中矩

一、课程概述

本章教学从介绍曹魏时期的都城邺城的中轴布局展开，让学生知道中轴线是古代城市设计的重要规则之一，城市中轴线对中国古代都城规划有着深远的影响。隋唐时期中轴线已经成为城市规划中必不可少的一部分，学生将通过平面图了解隋唐古都长安的城市布局。最后，结合学生熟悉的城市——首都北京，讲解北京的中轴线是古都的中心标志，也是世界上现存最长的城市中轴线。

二、适用对象

一年级学生

三、教学方法

讲授法、合作学习教学法。

四、目标维度

1. 通过观察邺城平面图，认识中轴线布局。
2. 会在图上画中轴线。
3. 激发学生对建筑设计的兴趣，自主探究古代都城的对称美。

五、重点难点

教学重点：认识中轴线布局。

教学难点：激发学生对建筑设计的兴趣，自主探究古代都城的对称美。

六、前期准备

教师准备：课件等相关教学用具。

学生准备：课前参观博物馆，观看相关视频。

七、课时安排

2课时

八、关联课程

语文　　一年级《我多想去看看》

九、流程导图

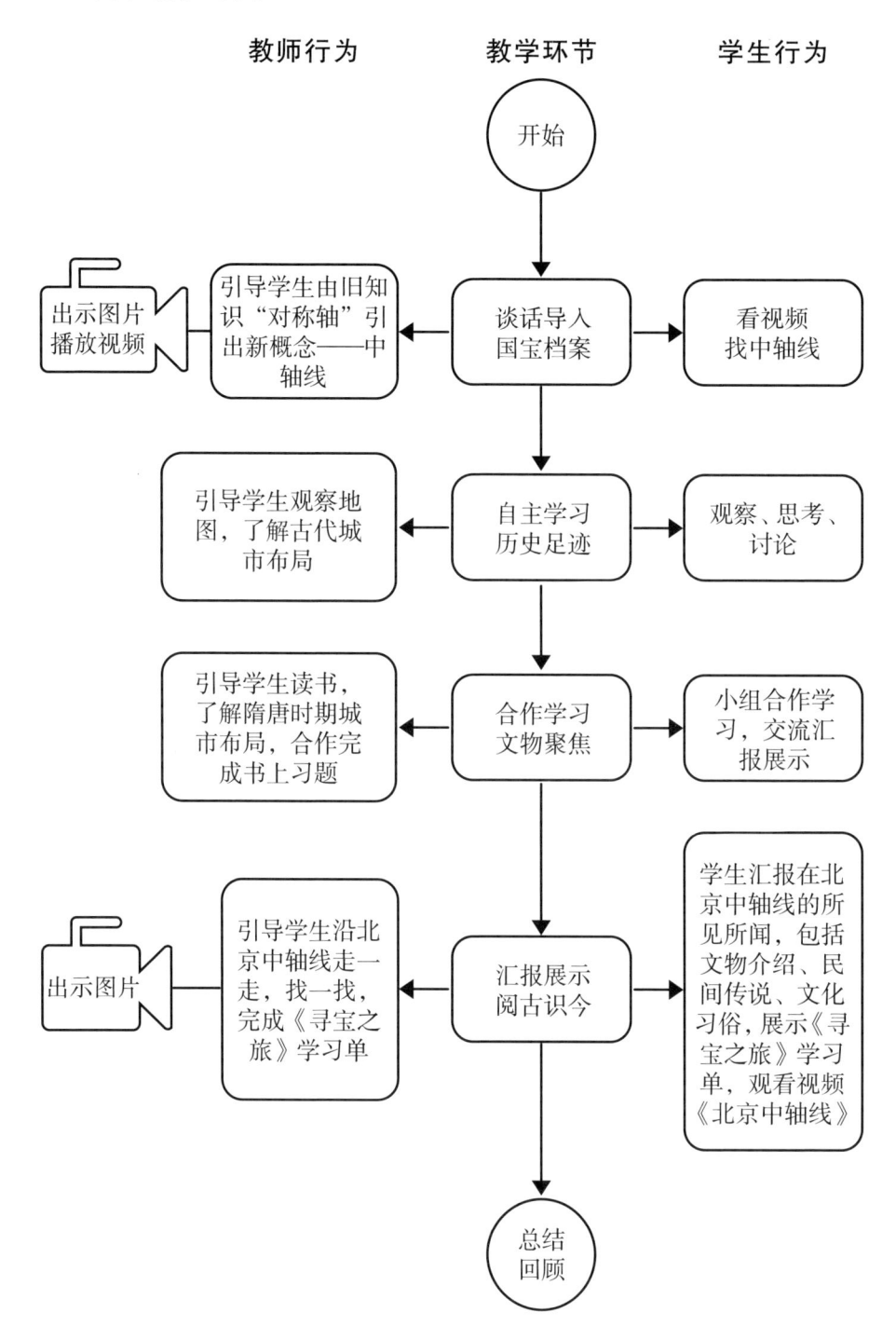

教师行为	教学环节	学生行为
出示图片 播放视频 → 引导学生由旧知识"对称轴"引出新概念——中轴线	开始 ↓ 谈话导入 国宝档案	看视频 找中轴线
引导学生观察地图，了解古代城市布局	自主学习 历史足迹	观察、思考、讨论
引导学生读书，了解隋唐时期城市布局，合作完成书上习题	合作学习 文物聚焦	小组合作学习，交流汇报展示
出示图片 → 引导学生沿北京中轴线走一走，找一找，完成《寻宝之旅》学习单	汇报展示 阅古识今	学生汇报在北京中轴线的所见所闻，包括文物介绍、民间传说、文化习俗，展示《寻宝之旅》学习单，观看视频《北京中轴线》
	总结回顾	

十、实践教学

第一课时

（一）导入

引导：前些天的数学课上，我看你们都用剪刀剪图形，谁能说说你们在做什么？

预设：我们学习了轴对称图形和对称轴。

引导：你们还记得什么是对称轴吗？

预设：如果沿某条直线对折，折痕两边的部分是完全重合的，那么就称这样的图形为轴对称图形，这条直线叫作这个图形的对称轴。

过渡：你们知道吗，我国古代城市的设计就是对称布局。不过，在城市的建设中，对称轴叫作中轴线。

（二）新授

引导：同学们，今天我们要到我国古代的一座城市去看看。读一读书上的介绍，再仔细观察平面图，你有什么发现吗？

预设：学生根据自己的阅读理解，说出自己所知道的内容。

小结：这是邺城遗址平面图，图中的邺城建在三国时期。通过观察，我们可以发现，这座城市的布局是左右对称的，这就是城市中轴线布局。这是目前保留下来的最早的城市中轴线布局，直接影响了后世都城的建设。

播放视频：纪录片《北京中轴线》片段

引导：你们在生活中见过中轴线吗？观看纪录片后，你对老北京城有什么新认识吗？

预设：原来，我们的北京城就是左右对称、按照中轴线布局的呀！

【设计意图】勾连数学课学习的旧知识，激发学生学习兴趣，引导学生学习本章知识。

引导：观察这幅城池图，你们有什么发现？

预设：这幅城池图是左右对称的。外面是护城河，里面是城市。

小结：你们观察得真仔细呀！早期的古城外部环绕着城墙，城墙外部还有护城河，这就是所谓的城池啦！

【设计意图】引导学生自己观察、发现问题。

引导：邺城的城市规划和设计为后来的城市建设提供了宝贵的经验。后来的城市建设是什么样子的呢？

出示学习方法提示：
1. 阅读书上的介绍，同桌互相说说读懂了什么。
2. 没有读明白的，同桌相互帮忙解答，不会的内容做标记，一会儿汇报。
3. 合作完成书上习题。

预设：学生开始小组学习，汇报学习成果，展示书上习题。（教师相机引导，解答学生疑问。）

引导：唐代人买东西的地方叫作东市和西市，你们能在图中标出来并填空吗？

预设：（东市）买骏马，（西市）买鞍鞯，（南市）买辔头，（北市）买长鞭。

（三）总结拓展

总结：在邺城城市功能分区经验的基础之上，历史发展到隋唐时期，中轴线已经成为城市规划中必不可少的一部分，与城市生活息息相关。你们在合作学习中已经把这些知识都掌握了，真了不起！

拓展：今天这节课我们就上到这里，今天的作业是请你和爸爸妈妈沿着北京中轴线走一遍，完成《寻宝之旅》学习单。

【设计意图】引导学生自主交流学习，发现问题、提出问题、解决问题。

第二课时（汇报展示课）

引导：周末的时候，和爸爸妈妈沿北京中轴线走了一遍后，谁愿意介绍一下你看到了什么，听说了什么？

预设：学生介绍自己的所见所闻，可以是文物介绍，可以是民间传说，也可以是民俗文化。

引导：《寻宝之旅》中的那些宝物你们都找到了吗？谁来汇报？

预设：学生完成练习。

宝物1：这是北京中轴线最南端的建筑，你知道它的名字吗？___永定门___

宝物2：这是北京最著名的建筑之一，是北京象征。你知道它的名字吗？___天安门___

宝物3：北京城中心点位于___景山公园___，这是北京中轴线的中心点，在这里还可以看到北京城南北中轴线标牌。

宝物4：这是古代用于报时的建筑，它的名字叫作___鼓楼___。

拓展：北京的很多地名与门有关，你们知道哪些呢？请同学们上网观看纪录片《北京中轴线》，该片介绍了北京城的总体布局、北京城城门名称的来历以及历史变迁后城市变化的内容。

总结：如今，在北京新的规划蓝图中，北京中轴线这一令世人赞叹的城市景观再次向南北两侧延伸，连接北起奥林匹克公园、南至南五环外的广阔地区，成为集中体现古都保护和城市发展的一条新轴线。

【设计意图】引导学生进行展示汇报，把课堂当作每一个学生展示的舞台。激发学生的学习兴趣，促进学生共同学习。

十一、拓展推荐

1. 看一看：参观故宫博物院、首都博物馆、中国国家博物馆、北京市规划展览馆。

2. 读一读：阅读绘本《北京：中轴线上的城市》，进一步激发学生对北京城市布局的兴趣。

执笔人：海琳

第五章　立规成范

一、课程概述

本章紧紧围绕"规则"一词从不同方面进行展示，各部分内容与核心词紧密相连。首先从一件文物"《开蒙要训》残片"入手，引导学生了解古代儿童"开蒙"的内容，并知道古代儿童读书应该遵守的一些常规。接下来以四大书院、国子监以及清代康熙皇帝自幼好学和同学们遵守规范的故事，引导学生自主探究，了解四大书院的由来、国子监的功能、清代皇子在皇宫内的学习状况和身边同学们的常规做法等内容，从而使学生感受到立规成范的重要性和必要性。本章教学非常注重与学生生活实际的联系，让学生通过观察自己的一日生活，结合韵化儿歌不断规范自己的学习习惯和行为习惯。

二、适用对象

二年级学生

三、教学方法

讲授法、情境教学法、合作学习教学法。

四、目标维度

1. 学生通过对《开蒙要训》引出的"立规成范"的学习，了解生活中、学习中的规矩，增强主动守规矩、讲规则的意识，进而成为一个遵纪守法的合格公民。

2. 引导并训练学生形成良好的学习习惯和行为习惯。

3. 通过看图片、看视频、交流讨论、教师示范、学生演练等，使学生知规守法。

4. 通过学习，让学生了解古人在学习和生活中的一些规矩，知道规则意识的重要性，进而在不断训练和内化的过程中，养成良好的学习习惯和行为习惯。

五、重点难点

教学重点：知道古人在生活和学习中的一些规矩，了解四大书院的由来和国子监的功能，体会规则意识的重要性，增强自觉遵守秩序的责任感。

教学难点：增强自觉性，养成良好的学习习惯和行为习惯。

六、前期准备

教师准备：相关实物、图片、视频。

学生准备：课前预习本章相关内容。

七、课时安排

2课时

八、关联课程

语文　　一年级《文具的家》

语文　　一年级《升国旗》

九、流程导图

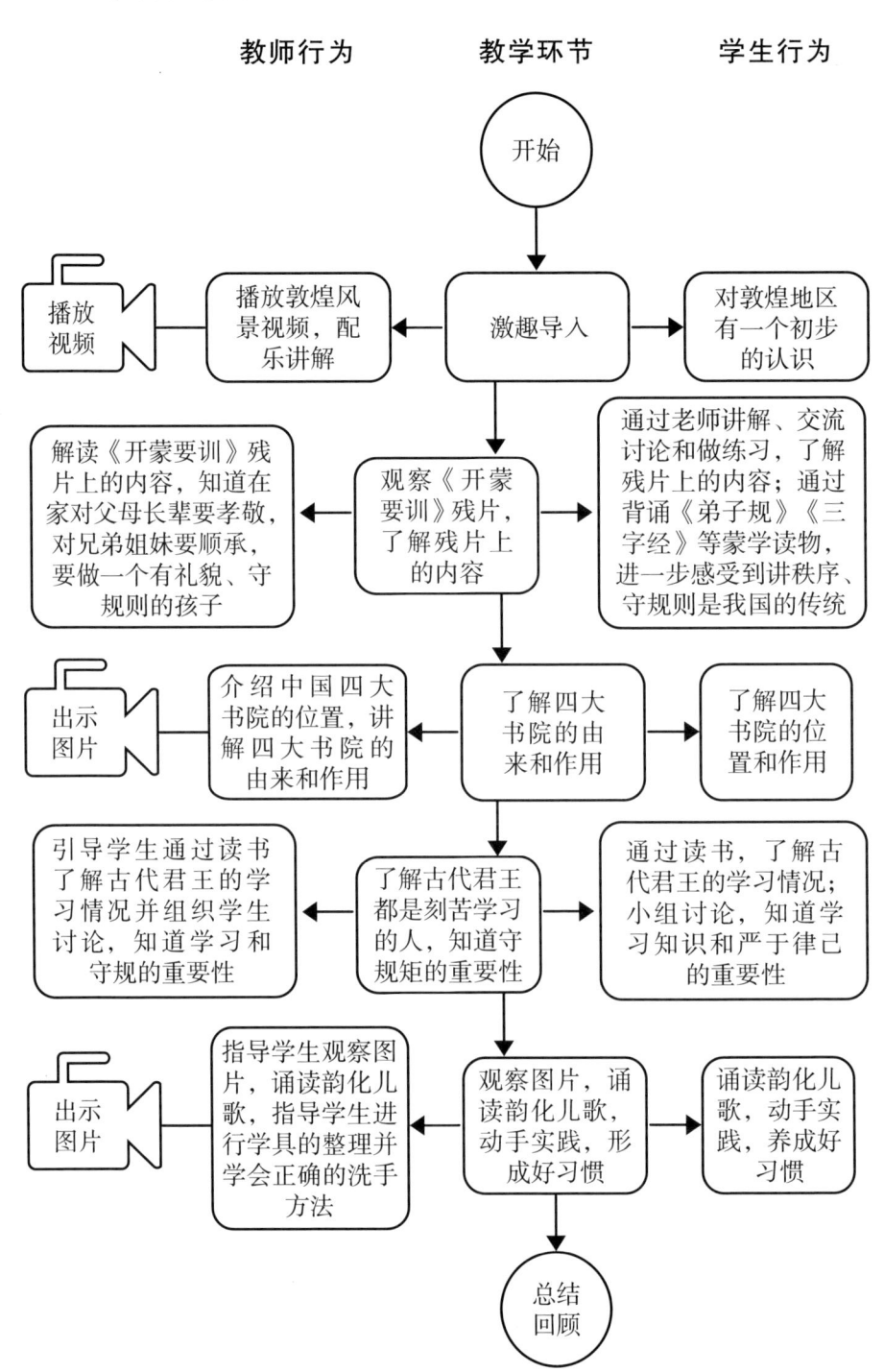

教师行为	教学环节	学生行为

开始

- 播放视频 → 播放敦煌风景视频，配乐讲解 → **激趣导入** → 对敦煌地区有一个初步的认识

- 解读《开蒙要训》残片上的内容，知道在家对父母长辈要孝敬，对兄弟姐妹要顺承，要做一个有礼貌、守规则的孩子 ← **观察《开蒙要训》残片，了解残片上的内容** → 通过老师讲解、交流讨论和做练习，了解残片上的内容；通过背诵《弟子规》《三字经》等蒙学读物，进一步感受到讲秩序、守规则是我国的传统

- 出示图片 → 介绍中国四大书院的位置，讲解四大书院的由来和作用 ← **了解四大书院的由来和作用** → 了解四大书院的位置和作用

- 引导学生通过读书了解古代君王的学习情况并组织学生讨论，知道学习和守规的重要性 ← **了解古代君王都是刻苦学习的人，知道守规矩的重要性** → 通过读书，了解古代君王的学习情况；小组讨论，知道学习知识和严于律己的重要性

- 出示图片 → 指导学生观察图片，诵读韵化儿歌，指导学生进行学具的整理并学会正确的洗手方法 ← **观察图片，诵读韵化儿歌，动手实践，形成好习惯** → 诵读韵化儿歌，动手实践，养成好习惯

总结回顾

十、实践教学

第一课时

（一）导入

播放视频：关于敦煌的纪录片

引导：同学们知道这是哪里吗？在这里出土了很多文物呢！你们看，这就是在敦煌地区出土的一件文物，它是什么呢？

预设：学生根据自己的课前预习情况回答。

出示图片：《开蒙要训》残片

过渡：这件文物是《开蒙要训》的残片。《开蒙要训》是唐代敦煌地区的儿童读物，内容丰富，覆盖的知识面广。这件文物虽然是一件残片，但是从仅有的片段中可以看到作品四字一句、两句一韵，读起来朗朗上口，就像今天的儿歌。儿童通过读书可以学习自然地理知识，学会关注身体健康，懂得孝敬父母长辈……今天我们学习的内容就跟这块残片有关。（教师板书课题。）

【设计意图】学生初步了解《开蒙要训》残片出土于哪里，了解《开蒙要训》的内容。学生通过聆听，初步感受到古人也是很讲规则的。

（二）新授

引导：这件文物上都写了哪些内容呢？（教师为学生阅读"小贴士"里面的内容。）是不是有些词语很难懂，你能结合上下文猜一猜吗？

预设：孝敬长辈，尊敬兄长，讲文明懂礼貌，等等。

小结：是的，这几句话是在要求孩子们在家对父母长辈要孝敬，对兄弟姐妹要顺承，要做一个有礼貌、守规则的人。

引导：古代的儿童还有哪些读物呢？读读书中的内容，你找到了吗？

预设：《三字经》《百家姓》《千字文》等。

引导：这些古代的蒙学读物你都读过哪些呢？你能给同学们背几句吗？

预设：学生根据自己的知识积累进行分享。

【设计意图】学生通过教师讲解、交流讨论和做练习，了解了

29

残片上的内容，通过背诵《弟子规》《三字经》等蒙学读物，进一步感受到讲秩序、守规则是我国的传统文化。

引导：古人认为获取知识的两种途径是读万卷书和行万里路。古人读书的地方在哪里呢？快来读读下面的内容。

书院最早出现在唐代，是专门藏书的地方。在一代代儒学大家的努力下，书院的规制职能逐渐完善，成为中国古代最重要的教育基地。由于书院对于国家和个人都非常重要，所以它的布局既要考虑中轴对称的传统建筑格局，又要包含讲学、藏书和祭祀的地方。

引导：我国的四大书院分别在哪里？它们的名称是什么？翻到《规则》（上）的第49页，将它们的名称和所在地用线连起来吧。

预设：学生阅读书中内容并完成练习。

引导：读了书上的内容，请你想一想，在这十八条为学之道中，哪一条是作为学生最应该遵守的内容呢？请你将它抄写下来，并说说你选择它的理由。

预设：学生完成练习。

小结：同学们，建议你们假期里一定要去中国四大书院看看，相信你们会有更多的收获。

【设计意图】在了解中国四大书院相关内容的基础上，知道四大书院的由来和作用，激发学生想要前去游览的愿望，开启学生读万卷书、行万里路的游学之旅。

（三）总结拓展

总结：四大书院都不在北京，但是北京也有一个非常著名的学府，那就是国子监。国子监是中国古代封建社会的教育管理机关和元明清三代的最高学府。相对于"太学"而言，国子监除了是国家传授经义的最高学府外，更多地承担了国家教育管理的职能。现存的除了北京国子监，还有南京国子监。

拓展：周末就可以让爸爸妈妈带你去参观一下，在那里你一定会有更多的发现。下节课，请把你们的新发现告诉大家。

【设计意图】再次扩充学生对古代学府的了解，知道除了有四大书院，还有国子监，并鼓励孩子们去参观，带着自己的新发现投入第二课时的学习，激发他们课下继续学习的愿望。

第二课时

（一）导入

引导：上节课老师建议大家和家长一起去参观北京的国子监，并用照片记录下你们的新发现。谁愿意把你的新发现告诉大家？

预设：学生拿着自己的照片到讲台前来为大家展示自己的新发现，并为大家讲解自己所了解的国子监。

【设计意图】给学生充分展示交流的机会，鼓励和肯定他们课下的自主学习，进而引出本节的学习主题。

（二）新授

出示图片：康熙皇帝画像

引导：同学们，你们知道这是哪位皇帝吗？老师来给大家介绍一下吧。（教师介绍康熙皇帝。）

康熙——清代的第四位皇帝。他8岁登基，14岁亲政，在位61年，是中国历史上在位时间最长的皇帝。他一生积极维护国家统一，奠定了清代兴盛的根基，开创出"康乾盛世"的大局面。

他为什么能有这么大的成就呢？原来康熙皇帝是一个很爱读书的皇帝，他从小就爱看书，而且读得很认真，尤其是四书五经等经典，每句、每段他都要诵读百遍，直到背得滚瓜烂熟。

引导：同学们是不是很想知道，在古代有着很大权势的皇子们是怎么学习的？他们是不是不用刻苦学习呢？请你们读读书上的文字，了解一下皇子们是如何学习的。同学们讨论一下，说说每个人的感受。

预设：学生阅读并讨论。

【设计意图】通过阅读、讨论，让学生了解要想成为一个对家庭、对社会、对国家有用的人，就一定要刻苦学习文化知识，要有规则意识，不断地鞭策自己，严格要求自己。

出示图片：整齐的书桌和排队取饭的照片

引导：我们知道了古代的皇子们是怎样刻苦学习的了，快来看看你身边的小伙伴们是怎么做的吧！看看这些图片，说说图片上的同学们是怎么做的呢？你想怎么夸夸他们呢？

预设：学生自由发言。

出示资料：整理篇和就餐篇的儿歌

引导：再来读读这些儿歌，你能试着背下来，并且边背边按照儿歌的内容去做吗？请两个同学一组，相互帮助、相互检查，进行整理书包和桌斗的演练，比一比谁整理得更好！

预设：学生分组展开活动。

【设计意图】在韵化儿歌的指导下，学生在课堂上动手整理自己的书包和桌斗，学以致用，使行为习惯的养成得以落实，并在同学们的互评中不断改进提升，让规则意识的养成真正落实在行动中。

（三）总结拓展

引导：你能说一说在日常生活中你已经养成哪些好习惯了吗？请你再想一想，在学习和生活中，还有哪些事情也要遵守规则？你能给大家一些好建议吗？

预设：学生自由发言。

总结：同学们，自古以来，让适龄的孩子开始读书写字，养成良好习惯，接受道德教育，立规成范，已经成为一种约定俗成的规则。因此，作为小学生的你们，在老师、家长的教育和帮助下，一定要严格要求自己，逐渐养成良好的行为习惯。

【设计意图】再次扩充学生对规则意识的了解，鼓励学生通过课下观察了解更多规则，通过亲身实践养成良好的行为习惯，激励学生努力成为守纪律、讲规则的合格小公民。

十一、拓展推荐

课后诵读韵化儿歌，养成更多良好的学习习惯和行为习惯。

执笔人：乔红　赵惠霞

第六章　观星测时

一、课程概述

本章主要的教学任务是通过讲解"登封观星台"的整体构造及作用使学生体会到古代劳动人民尊重自然规律、遵守自然法则的精神。在"文物聚焦"部分通过对郭守敬的简单介绍，让学生感受到自然法则对古代劳动人民生产生活的重大意义。在"阅古识今"部分介绍了古代计时工具，引领学生跨过时间与空间的局限，寻找现代生活中能够记录时间的事物和方法。

二、适用对象

二年级学生

三、教学方法

讲授法、探讨法、启发式教学法、实践教学法。

四、目标维度

1. 初步了解登封观星台的整体构造及作用，认识郭守敬。

2. 在学习过程中，让学生体会、探寻该文物体现的古代劳动人民对自然法则的高度重视。

五、重点难点

教学重点：让学生了解登封观星台的整体结构及作用，对郭守敬进行简单了解。

教学难点：让学生体会、探寻文物中蕴含的规则意义。

六、前期准备

教师准备：制作课件；自制太阳钟的材料，如纸盘、彩笔等。

学生准备：课前预习，查阅与本章相关的资料信息。

七、课时安排

1课时

八、关联课程

语文　　二年级《要是你在野外迷了路》

九、流程导图

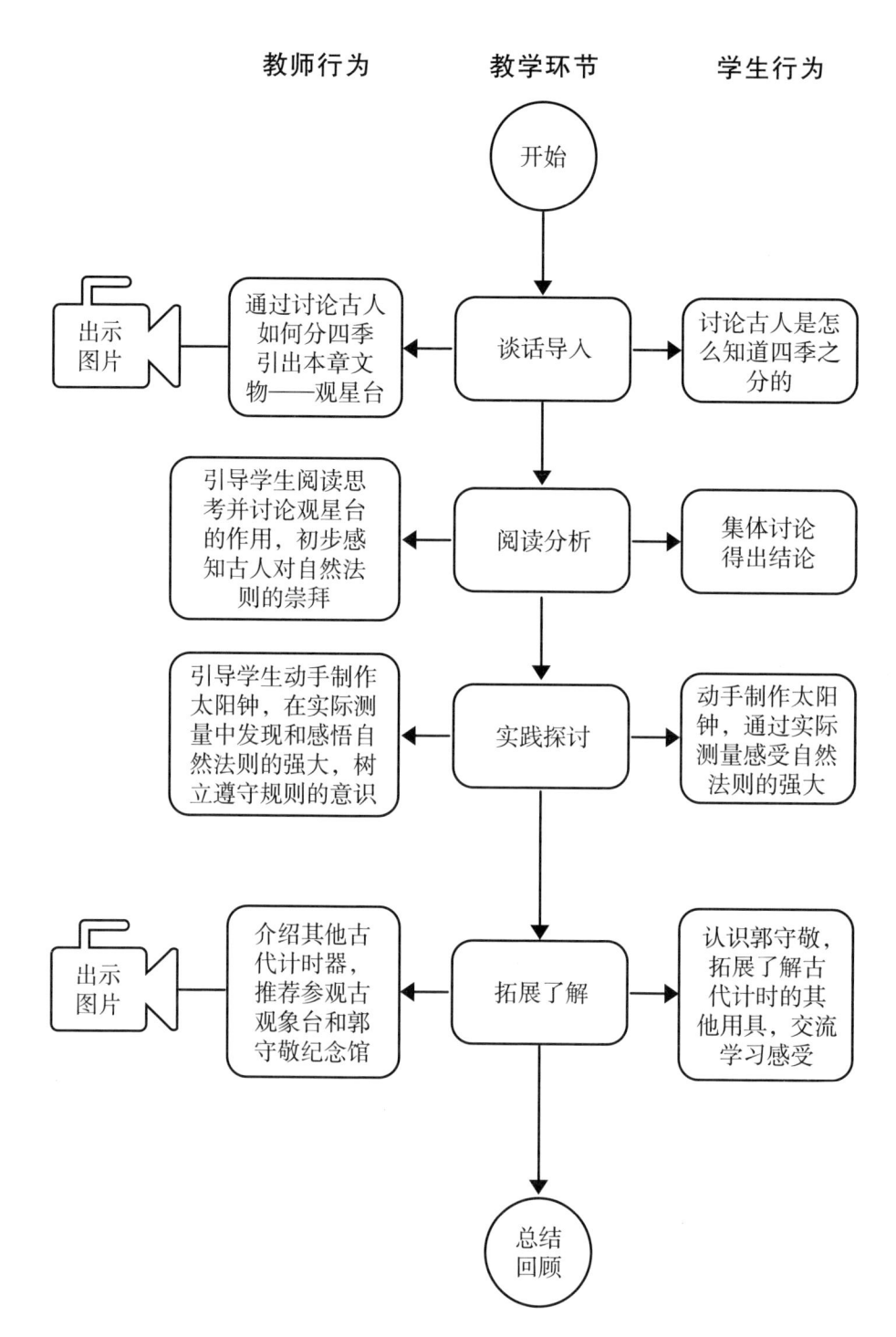

教师行为	教学环节	学生行为
出示图片 ← 通过讨论古人如何分四季引出本章文物——观星台	开始 → 谈话导入	讨论古人是怎么知道四季之分的
引导学生阅读思考并讨论观星台的作用，初步感知古人对自然法则的崇拜	阅读分析	集体讨论得出结论
引导学生动手制作太阳钟，在实际测量中发现和感悟自然法则的强大，树立遵守规则的意识	实践探讨	动手制作太阳钟，通过实际测量感受自然法则的强大
出示图片 ← 介绍其他古代计时器，推荐参观古观象台和郭守敬纪念馆	拓展了解	认识郭守敬，拓展了解古代计时的其他用具，交流学习感受
	总结回顾	

十、实践教学

（一）导入

引导：我们都知道一年有四个季节，那么现在是什么季节呢？你是怎么知道的？

预设：学生自由发言。

过渡：同学们有没有想过，在遥远的古代，人们是怎么确定时间的，又是怎么确定一年的轮回和四季更替的呢？今天我们将要认识的这件文物就和时间有着密切的关系。

【设计意图】从学生日常生活入手引出问题，为后面理解生活中处处要遵守规则做铺垫。

（二）新授

1. 国宝档案，了解登封观星台的外观和作用

出示图片：登封观星台

引导：请同学们结合课题、图片及自己的知识积累说说你知道了什么。可以大胆猜测，然后阅读《规则》（上）第54—55页，验证一下。

预设：学生猜想并自学。

小结：在元代，这座观星台上面安放着一些天文仪器，到了晚上观测人员登上高台，利用仪器进行观测。大家看，在台子上面有一根横梁，在中午12点的时候，太阳照在这根横梁上的影子就会出现在下面这个长长的石圭上面，人们根据记录下的日影的长度就能确定一年的轮回和四季的更替啦！所以这个石圭又叫"量天尺"。

2. 实践环节，进一步了解日影

引导：看了这件文物，我们知道古人用石圭可以确定四季的更替和一年的轮回。那么古人是怎么确定一天内的时间的呢？

预设：看太阳的影子。

过渡：请大家动手画日影，试着制作一个太阳钟。

引导：古人为什么要费劲地测量这些数值呢？请大家阅读《规则》（上）第60—61页，印证自己的想法。

预设：学生自学并讨论。

小结：对于古时候的人们来说，种地和收粮食是最重要的事情。

35

经过千百年的观察和实践，人们发现只有认识了四季，了解了自然规律，才能更好地指导农业生产和日常生活。你们知道吗，故宫的午门广场就是明清时期的皇帝每年颁布历书的地方。每年农历腊月初一，皇帝作为天子会把第二年的历书颁发给官员和百姓，好让他们对照不同的节气来安排农业生产。古人就是这样在遵守自然规律的同时还不断地观察自然，发现新的自然规律，并且总结出一些民间谚语来指导自己的生活，这就是古代人民所遵守的最朴素的规则。请你读一读这些气象谚语：

春雷响，万物长。
三月雨，贵似油；四月雨，好动锄。
冬雪一条被，春雪一把刀。
朝霞雨，晚霞晴。

过渡：大家通过学习，有没有感受到古人对自然法则的尊重？其实无论什么年代，我们在生产生活中都需要遵守规则。

【设计意图】从对观星台的介绍回到学生的生活实践，在学生学习和动手的实践过程中，印证书中的核心词——规则。

3. 文物聚焦，拓展学习方向

引导：充满智慧的古人正是因为很早就发现了遵循自然法则对人类生存与发展的好处，所以才更加重视对自然的探索、对科学的发展，其中元代科学家郭守敬在天文和水利上都有突出成就。

出示资料：郭守敬介绍

郭守敬（1231—1316），元代著名的天文学家、数学家、水利工程专家。

天文学家：他用四年的时间制订出的《授时历》成为当时世界上最先进的一种历法，通行三百六十多年。为修订历法，郭守敬还改制、发明了简仪、高表等十二种新仪器。1970年，国际天文学会以郭守敬的名字为月球上的一座环形山命名，称它为"郭守敬环形山"。1977年3月，国际小行星中心将小行星2012命名为"郭守敬小行星"。

水利工程专家：至元元年（1264年），郭守敬奉命修浚西夏境内的古渠，更立闸堰，使当地农田得到灌溉。至元二十八年（1291年），郭守敬任都水监，负责修治元大都至通州的运河，耗时一年，完成了全部工程，定名通惠河，发展了南北交通和漕运事业。

数学家：（留白，拓展学习。）

拓展：现在，我们了解了郭守敬在天文、水利上的突出成就，剩下的内容就请大家走进郭守敬纪念馆，实地找一找答案吧。

【设计意图】通过介绍郭守敬纪念馆，为学生课下进一步学习指明方向。

出示图片：古代计时工具

引导：在通晓自然知识、遵循自然法则方面，人们一直没有停下探索的脚步。同学们可以根据"阅古识今"部分中的这些图片继续开展研究，了解这些计时工具的计时方法。请同学们想一想：生活中是否有这样一种事物能够记录悄然逝去的时间？

预设：学生根据生活经验回答。

（三）总结拓展

出示资料：赫胥黎名言

时间是最不偏私的，给任何人都是二十四小时；时间也是最偏私的，给任何人都不是二十四小时。

——赫胥黎

拓展：老师送给大家一条关于时间的名言，请大家课下思考，面对强大的自然法则，我们该怎么做？

【设计意图】引导学生结合生活实际进一步思考本章的核心词。

十一、拓展推荐

1. 继续完成太阳钟的制作，并完成观测记录，然后结合观测记录简单写一写"我的发现"并思考怎样才能测得准。

2. 参观古观象台，选择最感兴趣的天文仪器记录下来。

3.参观郭守敬纪念馆，了解郭守敬在天文、水利和数学方面有什么成就，从情感上进一步感受古代人民的聪明智慧和自然法则的强大，从而萌发遵守规则的意识。

十二、注意事项

本章内容对于低年级学生来说比较难理解，所以教师在授课过程中可以有选择地从教材中摘取一些内容进行介绍，不用把天文仪器的工作原理等内容作为重点，注意降低语言难度，尽量口语化。

执笔人：曹艳昕

第七章　锦衣冠盖

一、课程概述

本章通过讲解明代"孝端皇后凤冠"的装饰、作用及工艺，引导学生感知帽子在古代服饰礼仪中的佩戴规则；通过"历史足迹"和"文物聚焦"两部分内容拓宽学生视野，使其了解更多古人的服饰，进而知道古人要遵守严格的服饰规范和礼仪要求；通过"阅古识今"内容的学习，引导学生感知传统礼仪规则对现代生活的影响。

二、适用对象

二年级学生

三、教学方法

讲授法、启发式教学法、情境教学法。

四、目标维度

1. 初步了解明代"孝端皇后凤冠"的装饰、作用及工艺，感知帽子在古代服饰礼仪中的佩戴规则。

2. 在学习过程中，让学生探寻文物身上体现的古代人民对服饰规则、礼仪规范的高度重视及其深远影响。

五、重点难点

教学重点：了解明代"孝端皇后凤冠"的装饰、作用及工艺，感知帽子在古代服饰礼仪中的佩戴规则。

教学难点：让学生体会、探寻文物中蕴含的规则意义。

六、前期准备

教师准备：课件、步摇模型等相关教学用具。

学生准备：课前预习，查阅与本章相关的资料信息。

七、课时安排

1 课时

八、关联课程

科学　　五年级《纺织面料》

九、流程导图

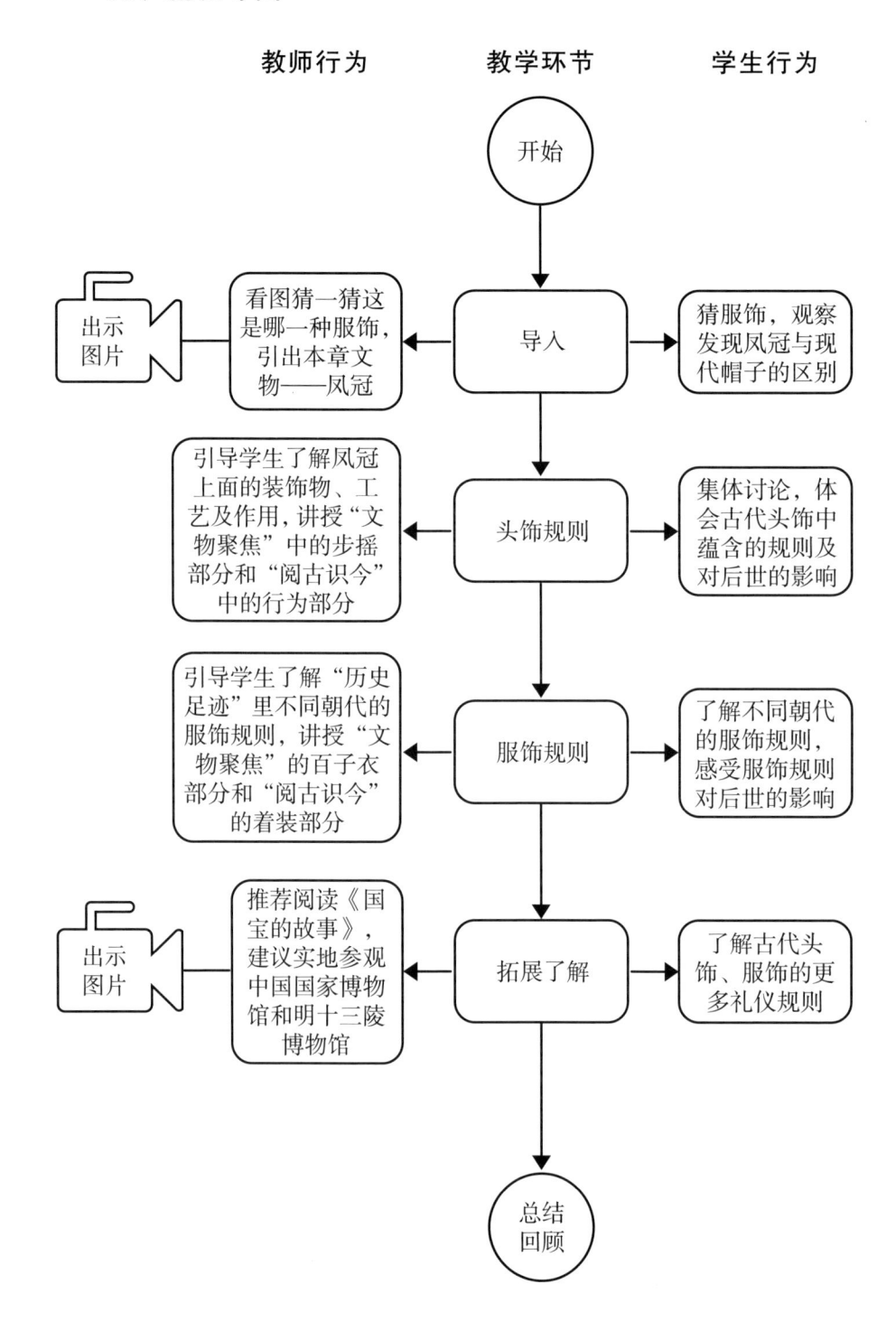

教师行为	教学环节	学生行为
	开始	
出示图片 → 看图猜一猜这是哪一种服饰，引出本章文物——凤冠	导入	猜服饰，观察发现凤冠与现代帽子的区别
引导学生了解凤冠上面的装饰物、工艺及作用，讲授"文物聚焦"中的步摇部分和"阅古识今"中的行为部分	头饰规则	集体讨论，体会古代头饰中蕴含的规则及对后世的影响
引导学生了解"历史足迹"里不同朝代的服饰规则，讲授"文物聚焦"的百子衣部分和"阅古识今"的着装部分	服饰规则	了解不同朝代的服饰规则，感受服饰规则对后世的影响
出示图片 → 推荐阅读《国宝的故事》，建议实地参观中国国家博物馆和明十三陵博物馆	拓展了解	了解古代头饰、服饰的更多礼仪规则
	总结回顾	

十、实践教学

（一）导入

出示图片：明代"孝端皇后凤冠"

引导：同学们猜一猜，图片展示的是哪一种服饰？

预设：头上的装饰，帽子。（教师可追问：你是怎么知道的？）

过渡：这是一顶帽子，它的主人是明代的孝端皇后。这顶帽子跟现在我们生活中戴的帽子很不一样，上面有样式、色彩各异的装饰品。古人为什么要戴这样的帽子呢？今天，我们就来认识一下这件文物。

【设计意图】以低年级学生特别喜欢的"看图猜一猜"的趣味问答引入课题，可以较好地调动学生们的学习兴趣，引导他们接下来仔细观察图片。

（二）新授

1.了解凤冠的装饰物、工艺及作用

引导：请同学们结合课题、图片及自己的知识积累说说你知道了什么，可以大胆猜测。

预设：同学们能说出凤冠装饰物有龙、凤凰、宝石、珍珠等。

引导：同学们猜测得对不对呢？读一读《规则》（上）第64—65页，自己验证一下。

预设：学生自学。

小结：教师结合图片进行简单讲解。

凤冠是古代贵族妇女头部佩戴的一种礼帽。

孝端皇后凤冠的前端装饰有九条金龙和八只点翠金凤，后端装饰有一只点翠金凤，前后加在一起一共有九龙九凤。这顶凤冠上还镶嵌了一百多颗天然红宝石和五千多颗珍珠。再仔细看看，这凤冠上还有很多蓝色的装饰。这些蓝色的装饰是什么呢？啊，它们竟然是由一根根翠鸟的羽毛制作而成的！这种用翠鸟羽毛制作成蓝色装饰的工艺叫作"点翠"。

2.进一步了解"点翠"工艺

出示图片：翠鸟

过渡：教师讲解"点翠"知识。

"点翠"是我国传统金银首饰制作工艺之一，非常考究。点翠采用的翠鸟羽毛，为左右翅膀上各10根，尾部羽毛8根，所以一只翠鸟身上一般只采用28根羽毛。为保证首饰的质量，还要求翠鸟必须身体健康、羽毛光泽度好。

大量的捕猎导致翠鸟数量锐减，一度濒临灭绝。如今，翠鸟已经是国家保护动物，点翠工艺又已经失传，于是流传下来的完好的点翠饰品就成了不可复制的珍品。

引导：了解了点翠工艺，我们再来看这顶凤冠。这顶凤冠虽然看起来很美，却差不多有2.5千克重，相当于50个中等大小的鸡蛋的重量，戴在头上真是一个不小的负担呢！古人为什么要戴这样重的帽子呢？

预设：学生阅读教材并讨论，理解凤冠所蕴含的规则的意义。凤冠是古代贵族身份地位的象征，有着严格的佩戴规则和礼仪要求。

引导：既然帽子的样式、装饰及工艺等代表了贵族的不同身份，你能给图片上的帽子找到正确的主人吗？见《规则》（上）第66页。

预设：学生积极发言。

引导：继续完成图片下方的连线题，并积累这些成语：张冠李戴、弹冠相庆、冠冕堂皇、衣冠楚楚、怒发冲冠。

预设：学生完成练习。

过渡：通过以上学习，我们知道了古人身份地位不同，所戴的帽子也不同，而且有着严格的规定，蕴含着古人的礼仪规则。同样作为头上的饰品，女子发饰步摇的佩戴也蕴含着古人等级森严的礼仪规则。什么是步摇呢？

3. 介绍文物步摇，感受文物中蕴含的规则

出示图片：牛头鹿角形金步摇

引导：同学们看，这支步摇是牛头鹿角形的，总共应有14片桃形金叶，每片金叶都可以随着佩戴者的行走而摇动。在当时，这

种金步摇在北方少数民族地区较为流行，是鲜卑贵族女性所戴步摇冠上的一种装饰。现在你知道什么是步摇了吗？代表身份地位的金步摇除了装饰作用外，还有什么作用呢？

预设：学生分组讨论，并选代表回答：步摇是古代女性头上的装饰，会随着行走而摇动。如果步摇摆动幅度大，说明女子走路不够端庄，要及时调整自己行走的仪态。所以，步摇还用来约束女子走路姿态，从而符合礼仪规范。

出示图片：样式各异的步摇

出示实物：仿真步摇

引导：你还知道哪些步摇样式？老师这里就有一个"步摇"，请一位同学戴上它体验一下，并说说自己的感受。（让学生戴上教师准备好的仿真步摇走一走，并说一说行走的感受。）

预设：走路动作幅度不能太大，速度不能太快。

小结：古人用步摇来约束人们的行为，我们现在用《小学生行为规范守则》来约束大家的行为。请大家课后思考，为什么说在博物馆、机场等公共场所追跑打闹是不礼貌的行为？

引导：你喜欢哪种样式的步摇？请你设计一款步摇，试着把它的样子画下来吧。

预设：学生完成设计。

4.服饰礼仪的发展过程

引导：走在热闹的大街上，你一定可以看到穿着各式各样漂亮衣服的人们。但你知道吗，生活在古代的人可不像现代人这样自由，他们必须要遵守非常严格的服饰规范和礼仪要求呢！在古代的服饰规则中，除了凤冠和步摇等头饰有着严格的等级规范外，衣服的穿着也同样有着明确的规则要求。

出示资料：服饰礼仪发展史

夏商时期：人们的衣着已经有了一定的规范。

周代：《周礼》规定了比较详细的服饰制度。

秦汉：着装等级制度更加严格，官吏与平民的衣服有了明显的区别。

唐宋以后：龙袍与黄色成为皇室专用。

明清：官服上不同的补子代表了不同的官职。

5. 百子衣背后的规则

出示图片：百子衣

引导：这件衣服的名字叫"百子衣"，这是明代万历皇帝的另外一位妻子孝靖皇后平常穿的一件衣服。在这件衣服上，有一百个孩子分成大约四十组在做各种各样的游戏。这件衣服表达了人丁兴旺、子孙满堂的美好祝愿。请你仔细看一看，这幅图片中的孩子在做什么游戏？

预设：戏水、捕蝴蝶等。

引导：请你为这件百子衣涂上美丽的颜色吧！

预设：学生动手完成。

引导：从这件衣服的纹饰上看，你认为当时的普通百姓可以穿它吗？为什么？

预设：不能，因为衣服上有龙凤图案。

【设计意图】感受文物中蕴含的严格的等级制度和服饰规则。

6. 生活中的服饰规则

引导：古人在穿衣方面有着严格的等级制度，穿错甚至会被杀头。虽然现在我们对穿衣服没有那么严格的要求了，但我们就可以不重视规则了吗？请你结合自己的生活实际想一想，你知道应该在什么样的场合穿什么样的衣服吗？

预设：学生讨论，教师点名回答。

出示图片：国家领导人进行国事访问时的庄重着装

引导：你觉得他们的着装给你什么感觉？为什么要这样穿？对于你来说，在不同场所应该怎样着装？

预设：学生讨论并发言。

【设计意图】课堂讲授过程中打乱教材顺序，将整节课的内容分成头饰规则和服饰规则两部分展开。其中头饰规则部分包括对凤冠的装饰、点翠工艺及作用的学习和对"文物聚焦"（步摇）、"阅古识今"（行为）的学习，感受古代头饰中蕴含的规则；服饰规则部分包括对"历史足迹"里不同朝代的服饰规则的学习和对"文物聚焦"(百子衣)、"阅古识今"(着装)的学习，感受古代服饰中蕴含的规则。这样的设计，使得课程内容的讲授与学习模块化，更有条理，也更清晰。

（三）总结拓展

拓展：请同学们课下认真思考，想一想服饰规则对自己的日常生活有哪些帮助，自己怎样做才能成为讲礼重仪的好少年？

【设计意图】串联全课各环节，通过回顾整节课对所学内容进行梳理总结，进而在思考中拓展新的学习内容。

十一、拓展推荐

1. 参观中国国家博物馆和明十三陵博物馆，实地观察相关文物。
2. 阅读相关推荐书籍，进一步了解相关文物及其蕴含的服饰规则。

执笔人：高江丽

第八章　脊兽藏规

一、课程概述

本章通过讲解并非现实生活中出现的神兽——獬豸的形象在古代代表着法律的公平与正义，使学生体会到古人是非常注重维护法律的权威的。告诉学生，根据我国古代建筑物规模和等级的不同，脊兽使用的数量也有严格的规定，从而引导学生探寻文物中蕴含的规则意义。"文物聚焦"部分通过对大盂鼎铭文的简单介绍，让学生感受古人对于道德法律的重视。最后在"阅古识今"部分从古代的獬豸冠、獬豸补子讲到今天法院门前悬挂的国徽和天平徽章，使学生知道直到今天我们依然把獬豸这一神兽视为法律与公正的象征，它所蕴含的平等与正义的精神，是我们社会和谐发展的坚实保障。

二、适用对象

二年级学生

三、教学方法

讲授法、探讨法、启发式教学法、实践教学法。

四、目标维度

1. 初步了解獬豸的形象及象征意义，可以对大盂鼎铭文进行简单介绍。

2. 通过观察古代建筑屋顶上脊兽的不同数量，了解古建筑中存在的严格的等级制度，探寻文物中蕴含的规则意义。

3. 在学习过程中，让学生体会古代人民对道德和法律的高度重视。

五、重点难点

教学重点：初步了解脊兽獬豸的形象及象征意义，了解古建筑中存在的严格的等级制度。

教学难点：让学生体会、探寻文物中蕴含的规则意义。

六、前期准备

教师准备：课件等相关教学用具。

学生准备：课前预习，查阅与本章相关的资料信息。

七、课时安排

1课时

八、关联课程

语文	一年级《升国旗》
美术	三年级《北京的胡同》
品德与社会	四年级《胡同遍京城》

九、流程导图

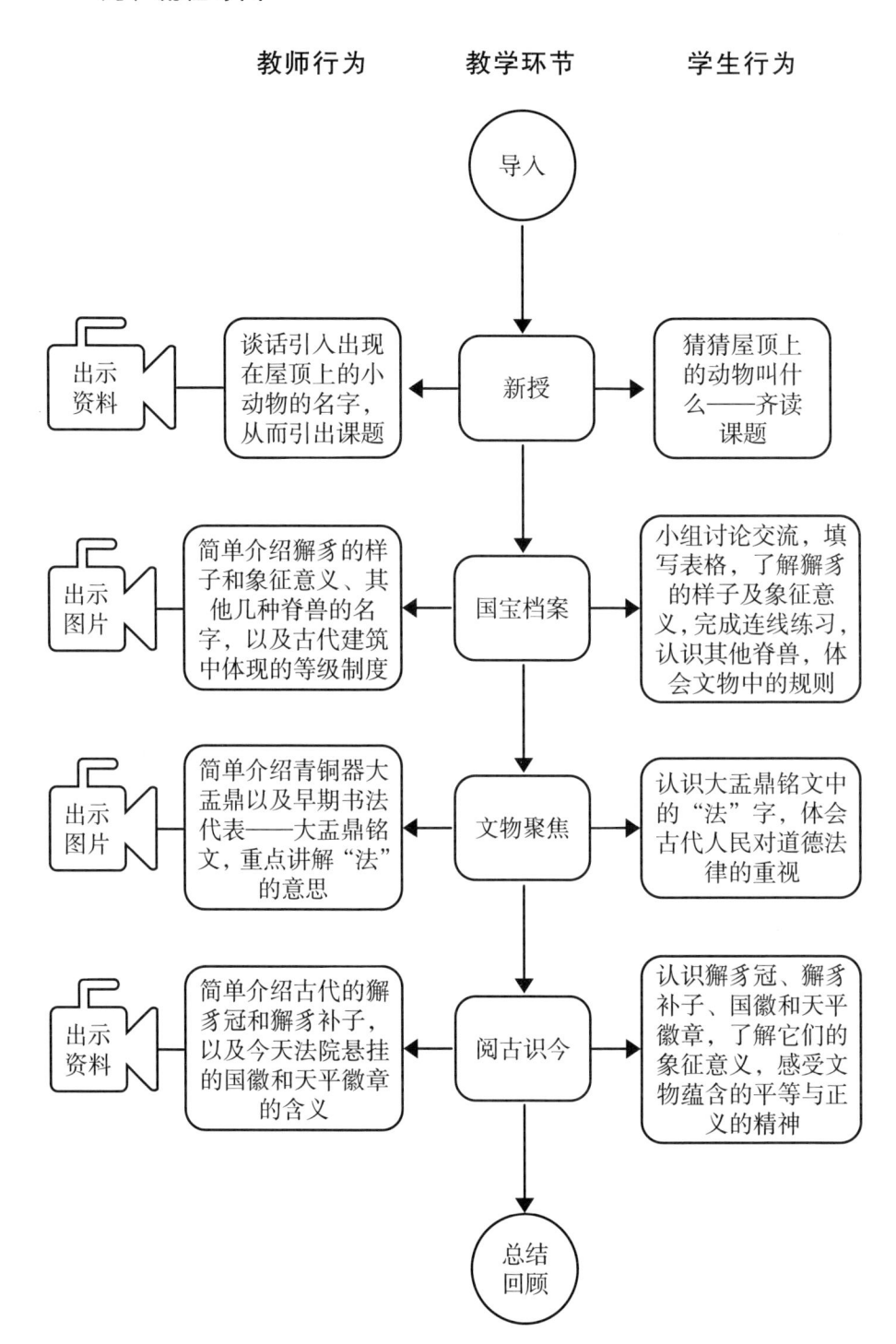

教师行为	教学环节	学生行为
	导入	
出示资料：谈话引入出现在屋顶上的小动物的名字，从而引出课题	新授	猜猜屋顶上的动物叫什么——齐读课题
出示图片：简单介绍獬豸的样子和象征意义、其他几种脊兽的名字，以及古代建筑中体现的等级制度	国宝档案	小组讨论交流，填写表格，了解獬豸的样子及象征意义，完成连线练习，认识其他脊兽，体会文物中的规则
出示图片：简单介绍青铜器大盂鼎以及早期书法代表——大盂鼎铭文，重点讲解"法"的意思	文物聚焦	认识大盂鼎铭文中的"法"字，体会古代人民对道德法律的重视
出示资料：简单介绍古代的獬豸冠和獬豸补子，以及今天法院悬挂的国徽和天平徽章的含义	阅古识今	认识獬豸冠、獬豸补子、国徽和天平徽章，了解它们的象征意义，感受文物蕴含的平等与正义的精神
	总结回顾	

十、实践教学

（一）导入

引导：同学们都知道在动物园里可以看到各种各样的动物，但你们知道吗，还有一些动物会出现在古代建筑的屋顶上，它们可不是普通的动物。不知道去故宫游玩的同学是否留意过，在太和殿的屋脊檐角上装饰着十只大小不等的奇怪的动物，它们就是"脊兽"。这些脊兽来自不同的神话传说，其中排在第八位的叫作獬豸，就是今天我们要认识的脊兽。

（二）新授

1. 了解獬豸的样子和象征意义

引导：谁观察过脊兽獬豸？结合自己的知识积累说说你对獬豸有什么了解。

预设：学生介绍自己知道的知识。

出示图片：獬豸

引导：是不是像同学说的这样呢？图上的就是獬豸，请同学们描述一下獬豸的样子。

预设：獬豸是传说中的神兽，它的额头上长着一只角，身体长得像麒麟，体型大小不一，大的像牛，小的像羊。

引导：通过预习，你知道獬豸有什么神奇的地方吗？

预设：传说它很聪明，通人性，辨得出是非曲直，分得清善恶忠奸，所以可以帮助法官断案。它头上的角是专门用来顶触不正直的人的，因此用它来代表法律的公平与正义。

引导：你都在哪些地方看到过脊兽獬豸？根据你对獬豸的了解，完成书上的练习。

预设：学生完成《规则》（上）第 75 页的练习。

【设计意图】通过老师的简单介绍和同学之间的交流，了解文物脊兽獬豸的样子和象征意义，体会古代人民对道德法律的高度重视。

2. 简单介绍其他脊兽，探寻文物中蕴含的规则意义

出示图片：脊兽

引导：屋顶上的脊兽共有十种，獬豸排行第八。你能看着图片

说说屋顶上这十种"小神兽"分别叫什么名字吗？请同学们以小组为单位讨论，并完成《规则》（上）第77页的连线练习。

预设：学生讨论并完成练习。

小结：我国古代建筑物的规模和等级不同，脊兽使用的数量也有相应的变化，而且要遵守严格的等级制度。建筑物的等级不一样，小神兽的数量就会从最后面开始，按照一定的规则向前递减，这也是等级制度的体现。

【设计意图】激发学生对古代建筑相关知识的学习兴趣，通过观察古代建筑物屋顶上脊兽的不同数量，了解古建筑中体现的严格的等级制度，探寻文物中蕴含的规则意义。

3.了解更多与规则相关的文物

引导：同学们，你们是否注意到了，在电视剧中的古代衙门门口或者是现在的法院门口，都可以看到獬豸的形象。这说明从古至今，人们都很注重维护法律的权威。根据古代书籍的记载，"法"就是"刑"的意思。一个人做了坏事，应当受到一定的惩罚，这就是"法"。相传掌管刑法的皋陶在处理比较麻烦的案件时，往往会请獬豸帮助他判断是非曲直。很多青铜器上保留下来了大量有关我国古代礼法的资料。

出示图片：大盂鼎和大盂鼎铭文

引导：收藏于中国国家博物馆的大盂鼎是西周早期的一件青铜器。器内壁291个字的铭文记录了贵族"盂"受命于周康王的事。铭文中强调了西周时期提倡德政、慎用刑罚的立法思想。这篇铭文书法布局非常规范，是早期金文书法的代表。你们猜猜铭文中用红圆圈标出来的字是今天的哪个字？

预设：是"法"字。

【设计意图】通过对青铜器大盂鼎铭文的简单介绍，体会古代人民对道德和法律的高度重视。

4.联系生活实际理解规则意义

引导：獬豸在古代是正直的象征，曾出现在官员的官服上，古代的法官戴獬豸冠寓意执法公正。在今天，我们依然把獬豸这一神兽视为法律与公正的象征。

出示图片：法院和法官法袍

小结：你们知道这是什么地方吗？对了，这就是法院。我国是一个法治国家。法院作为执法机关，将国徽悬挂在门前，象征法律的权威。随着时代的变迁和社会的发展，天平成为法院与法庭的新标志。你们看，今天法官的帽子上有国徽，他们穿的法袍上的徽章有天平的图案，这也蕴含着平等与正义的精神。

【设计意图】带领学生了解古代的獬豸冠、獬豸补子和今天法院门前悬挂的国徽、法袍上的天平徽章，使学生知道直到今天我们依然把獬豸这一神兽视为法律与公正的象征，它所蕴含的平等与正义的精神，是我们社会和谐发展的坚实保障。

（三）总结拓展

出示资料：名言两则

不以规矩，不能成方圆。——《孟子》
世界上的一切都必须按照一定的规矩秩序各就各位。——莱蒙特

拓展：老师送给大家两条关于规则的名言，请大家作为知识积累。课后，大家思考一下，我们小学生都应该遵守哪些规则呢？

【设计意图】结合名人名言了解规则的重要性，联系生活实际明确应该遵守的规则。

十一、拓展推荐

读一读《宫·城：写给孩子的紫禁城》这本书的第七章，了解更多的关于脊兽的知识。再到故宫博物院和中国国家博物馆中找一找课文中出现的文物。

十二、注意事项

本章内容还可与书法课程中的"篆书与隶书"的内容相结合。

执笔人：闫欣

第九章　方升铭规

一、课程概述

本章介绍的核心文物是"商鞅方升"。"商鞅方升"是秦统一度量衡的一件标志性文物。统一度量衡本身就是在制定社会经济生活的规则，本章从这个角度来表达核心词"规则"。"国宝档案"板块重点介绍了这件文物，同时补充了商鞅"立木为信"的小故事，体现了商鞅重诺守信、讲求规则的品格，也正因为上行下效，变法才得以推行。"历史足迹"板块概述了商鞅变法的历史背景及社会影响，使学生进一步感受到制定、遵守统一的规则对于社会发展的重要性。循着变法的线索，"文物聚焦"板块又介绍了文物《秦律》竹简、京师大学堂门额、京师大学堂总监督关防，使学生在综合性学习活动中了解文物、感受规则。在"阅古识今"板块，引导学生观察生活、关注社会、践行规则。

二、适用对象

三年级学生

三、教学方法

问题探究法、合作学习教学法。

四、目标维度

1. 认识商鞅方升、《秦律》竹简、京师大学堂门额、京师大学堂总监督关防这几件文物，在认识文物的过程中，感受规则的重要性。

2. 在综合性学习中，初步了解历史上几次重要的变法。在动脑动手、动口动笔的过程中，综合运用语文、数学、劳动技术、书法、品德与社会等学科的知识。

3. 培养学生在生活中讲诚信、守规则的良好品格，激发学生进一步走进博物馆进行拓展学习的兴趣。

五、重点难点

教学重点：认识商鞅方升、《秦律》竹简、京师大学堂门额、京师大学堂总监督关防这几件文物，在认识文物的过程中，感受规则的重要性。

教学难点：在动脑动手、动口动笔的过程中，综合运用语文、数学、劳动技术、书法、品德与社会等学科的知识。

六、前期准备

教师准备：多媒体课件、冰棍棍儿等教学用具。

学生准备：课前查找有关商鞅变法的资料及《商鞅》这首诗。

七、课时安排

2课时

八、关联课程

语文	五年级《有趣的汉字》
语文	五年级《我爱你，汉字》
数学	五年级《长方体和正方体》
品德与社会	三年级《我和同学》

九、流程导图

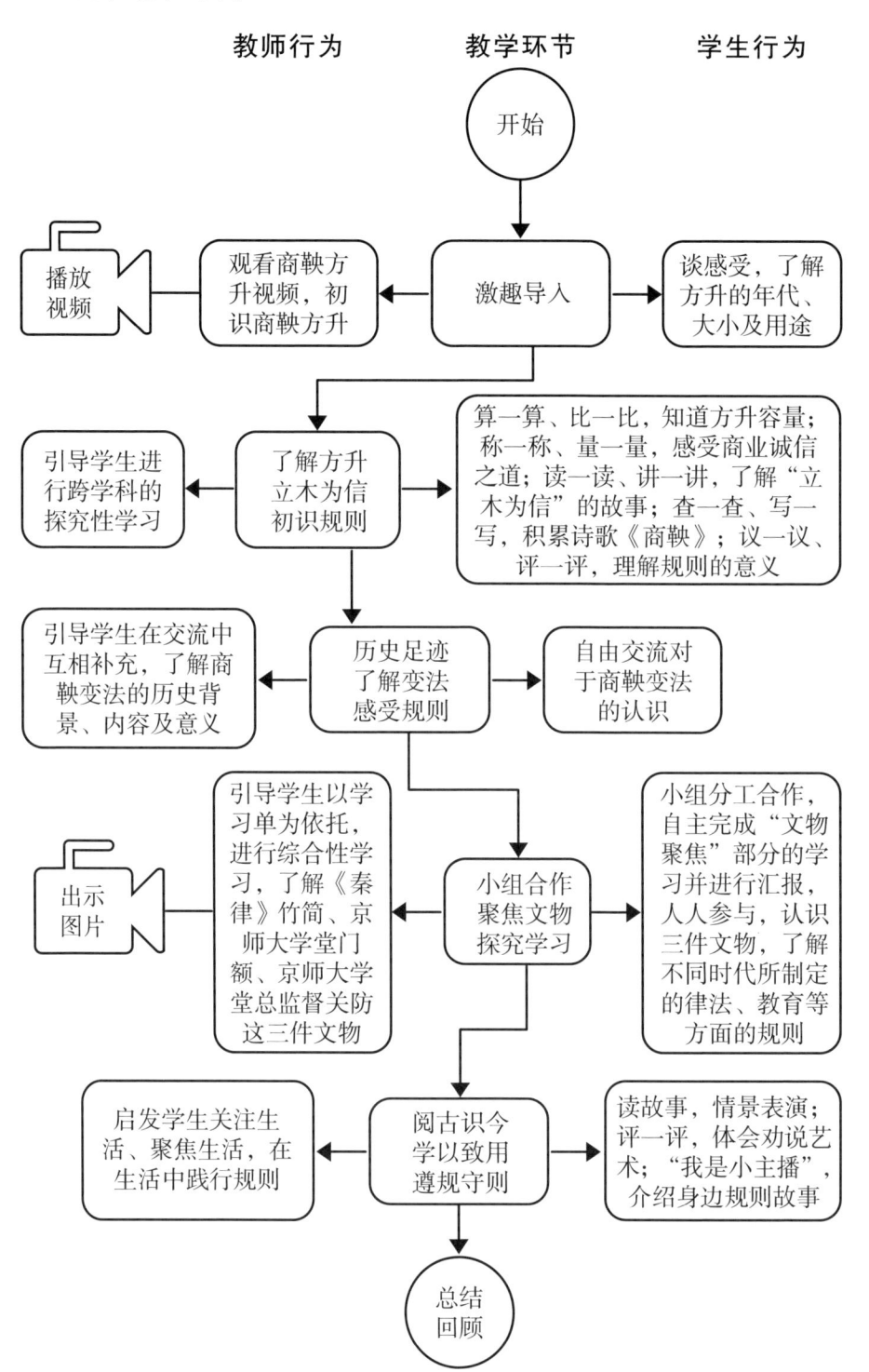

教师行为	教学环节	学生行为

```
                              开始
                               ↓
播放视频 → 观看商鞅方升    ← 激趣导入 →    谈感受，了解
           视频，初                        方升的年代、
           识商鞅方升                      大小及用途
                               ↓
           引导学生进行    ← 了解方升      算一算、比一比，知道方升容量；
           跨学科的        立木为信    →  称一称、量一量，感受商业诚信
           探究性学习        初识规则      之道；读一读、讲一讲，了解"立
                                           木为信"的故事；查一查、写一
                                           写，积累诗歌《商鞅》；议一议、
                                           评一评，理解规则的意义
                               ↓
           引导学生在交流中  ← 历史足迹  →  自由交流对
           互相补充，了解商    了解变法      于商鞅变法
           鞅变法的历史背      感受规则      的认识
           景、内容及意义
                               ↓
           引导学生以学                    小组分工合作，
           习单为依托，                    自主完成"文物
           进行综合性学                    聚焦"部分的学
出示图片 → 习，了解《秦    ← 小组合作   →  习并进行汇报，
           律》竹简、京       聚焦文物      人人参与，认识
           师大学堂门         探究学习      三件文物，了解
           额、京师大学                    不同时代所制定
           堂总监督关防                    的律法、教育等
           这三件文物                      方面的规则
                               ↓
           启发学生关注生  ← 阅古识今   →  读故事，情景表演；
           活、聚焦生活，在   学以致用      评一评，体会劝说艺
           生活中践行规则    遵规守则       术；"我是小主播"，
                                           介绍身边规则故事
                               ↓
                             总结
                             回顾
```

十、实践教学

第一课时

（一）导入

播放视频：商鞅方升的相关视频

引导：看了这段视频，你有哪些认识？

预设：商鞅方升的年代、大小等，以及那个年代就有这样精确的容器了，让人十分惊讶。

【设计意图】视频导入能够吸引学生的注意，激发他们继续学习的兴趣。

（二）新授

1.算一算、比一比，知道方升容量

引导：刚刚我们已经了解到商鞅方升内口长12.5厘米，宽7厘米，深2.3厘米，对这件方升进行实际测量得知，秦制一升容量为202.15立方厘米，大约相当于今天的200毫升。这与今天的一升有什么区别吗？可以用你喜欢的方式比一比。

预设：现在的一升在数学上等于1000毫升。秦制一升比现在要少得多。

【设计意图】让学生运用学过的数学知识进行计算、比较，了解量器容积的演变，加深印象。

2.称一称、量一量，感受商业诚信之道

引导：同学们，方升作为一种量器，它的出现在当时那个时代有着十分重大的意义，很多商家就是用这样的量器来完成交易的，那我们想一想，这种量器有什么优缺点吗？

预设：比较便捷，相对比较公平，但不是很精确。

引导：我们可以再想一想，生活中有没有类似的应用？

预设：买饮料的时候用的杯子，麦当劳售卖薯条的纸袋。

引导：一般来说商家承诺的是一份小薯条75克左右，同学们下次去买薯条的时候可以称一称，看看你买到的薯条是多少克。同学之间可以交流一下称完重量之后的购买体验，同时再想一想，如果你是商家，应该在应用这样的量器的时候怎么做呢？

【设计意图】这一环节旨在引导学生去理解商家在经营的时候

应讲求诚信，才能够真正维护自己的品牌，使自己的生意能够不断壮大。

3.读一读、讲一讲，了解"立木为信"的故事

引导：请你自己默读一下"国宝档案"的内容。谁能用自己的话给我们讲讲商鞅"立木为信"的故事？

预设：学生积极发言。

【设计意图】学生用自己的话讲故事，训练学生的口语表达能力。

4.查一查、写一写，积累诗歌《商鞅》

引导：请大家齐读诗歌《商鞅》，并谈谈你的体会。

预设：从作者的角度，王安石对商鞅充满敬佩之情；从诗的内容角度，商鞅讲诚信非常重要。商鞅很讲信用，以一言为重，以百金为轻。正是因为他取信于民，他的变法才能推行。所以领导者想要让百姓遵守规则，自己要先做出表率。

【设计意图】与语文学科融合，学生了解王安石对商鞅的评价，加深对商鞅讲诚信的认识，同时辅助古诗积累。

5.议一议、评一评，理解规则的意义

引导：设想一下，如果商鞅没有履行诺言，变法还能顺利推行吗？

预设：如果商鞅没有履行诺言，变法就不会顺利推行了，因为当时战争频繁，人心惶惶，人们不会轻易相信别人。

引导：如果商鞅没有履行诺言，这个故事会有怎样的结局？

预设：学生交流，为故事编写不同的结尾。

小结：商鞅方升是社会经济运行讲究规则的重要体现，而"立木为信"的历史故事也说明"自古驱民在信诚，一言为重百金轻"的诚信品质的重要，而只有为官的人取信于民，带头遵守规则，普通百姓才能够遵守国家制定的规则，社会才能安定有序。

【设计意图】引导学生进行逆向思维，在思考、表达的过程中，更深刻地理解方升铭规的重要意义。

（三）总结拓展

引导：商鞅方升是商鞅变法的产物，也是商鞅变法的历史见证，

那么你们对商鞅这个人、对商鞅变法有哪些了解呢？

预设：学生自由交流对于商鞅及其提出的变法的了解，如商鞅变法的相关历史背景、商鞅变法的有关内容、商鞅变法的意义等。

【设计意图】学生在交流中互相补充，了解商鞅变法的历史背景、内容及意义。

总结："商鞅虽死，秦法未败"，可见变法制定的很多规则是适应社会经济发展的，能够促进社会的进步。

【设计意图】引导学生自主学习，在交流互动中丰富认识。

第二课时

（一）导入

过渡：同学们，上节课我们认识了商鞅方升，了解了商鞅变法，初步感受到制定、遵守规则的重要性。历史上还有很多变法，涉及方方面面的规则，下面就让我们一起来聚焦《秦律》竹简、京师大学堂门额、京师大学堂总监督关防这三件文物，按照学习单上的要求，进行小组合作学习。

【设计意图】回顾复习，明确学习任务，提高小组学习的效率。

（二）新授

1. 小组合作，聚焦文物，探究学习

引导：请大家小组分工合作，自主进行《规则》（中）第5—8页"文物聚焦"部分的学习，一会儿我们分享大家的学习成果。（教师相机指导。）

预设：小组汇报《秦律》竹简、京师大学堂门额、京师大学堂总监督关防这三件文物的相关学习内容，可以各请两到三个小组汇报，人人参与，互相补充。小组与小组之间可以互动。

小结：通过合作学习，我们又认识了三件文物，还透过这三件文物了解了不同时代所制定的律法、教育等方面的规则。只有制定、遵守统一的规则，社会才能长治久安。作为领导者更应该言出必行、践行规则，才能让其他人也去遵守规则，保障社会的稳定。

【设计意图】以小组合作探究的学习方式，以学习单为依托，进行综合性学习。在组内互动、组间互动中，班级成为学习共同体，互为补充，共同提高。

2.阅古识今，遵规守则

引导：请你读一读"阅古识今"的小故事，你会有怎样的思考呢？请大家在小组内讨论，在完成学习单内容的基础上进行情景表演。

预设：小组汇报表演。小组互评。

引导：我们身边也有很多遵规守则的事情，大家先想一想，自己练习一下，做一回新闻小主播。

预设：学生模拟新闻主播，介绍身边遵守规则的故事。

（三）总结拓展

总结：小到一个集体，大到一个国家，商鞅方升及立木为信的故事都能带给我们启发，引发我们的思考。无论作为领导干部，还是普通人，都要遵守规则。只有人人坚守做人做事的规则，社会才能和谐发展。

【设计意图】以情景表演的形式，引导学生关注生活、聚焦实践，同时激发学生的学习兴趣，引发学生共鸣。

十一、拓展推荐

走进博物馆，了解变法

活动目的：通过本章的学习，学生了解了与变法有关的文物，明白了这些文物所承载的诚信准则。课后可以让学生走进中国国家博物馆，再次了解与变法有关的文物，文物可以是本章中介绍的，也可以是本章中没有提到的。在近距离观察、学习的过程中，学生能够加深理解，巩固认识，获取新知。

活动材料：纸、笔、相机等。

活动方法：

（1）活动前可上网了解，确定要去的展馆。

（2）到展馆后，拍照记录自己找到的文物。

（3）看文物介绍，听讲解员讲解，自己细致观察，把自己的认识、感受记录下来。

（4）参观学习完毕，整理学习记录，可用小报、演示文稿等形式呈现。

（5）全班交流。

十二、注意事项

1. 本章的教学设计是按照板块划分的，在实施过程中，以学生的自主、合作学习为主，教师的指导为辅。在讨论中，要注意引导学生互相补充，使班级成为一个学习共同体。如果有必要，也可以打破现有的板块，进行适当整合。

2. 在组织学生进行拓展活动的时候，要让学生明确学习任务，并提醒学生注意安全，遵守在博物馆学习的相关规定，不能大声喧哗，不要乱扔垃圾。

执笔人：王静

第十章　币显法度

一、课程概述

本章以认识秦国的"半两钱"为突破口，以货币为载体，用多种形式发散引导学生进行多学科的综合性学习，在动脑思考、动笔计算、动手制作、运用语言表达的过程中提升学生综合实践能力和综合素养，进而引导学生了解历史、观察生活、关注社会、践行规则。

二、适用对象

三年级学生

三、教学方法

问题探究法、合作学习教学法。

四、目标维度

1. 通过本章的学习，让学生在认识货币的过程中，了解遵守规则对人的品格塑造，对国家、社会良好风气的形成有着至关重要的作用，让学生真切感受规则教育的重要性。

2. 在综合性学习中，初步了解历史上货币的发展、演变。在动脑思考、动笔计算、动手制作、运用语言表达的过程中，综合运用语文、数学、品德与社会等学科的知识，提高学生的综合素养。

3. 培养学生在生活中讲诚信、守规则的优秀品质。

五、重点难点

教学重点：认识秦半两、货贝、汉五铢、开元通宝这几种货币，在认识货币的过程中，感受规则的重要性。

教学难点：在动脑思考、动笔计算、动手制作、运用语言表达的过程中，综合运用语文、数学、劳动技术、品德与社会等学科的知识，提高学生的综合素养。

六、前期准备

教师准备：多媒体课件、视频资料（《文化大百科》节目之《诅盟场面铜贮贝器》）。

学生准备：了解 2015 年版 100 元面额人民币的防伪情况，了解秦代以前的货币形制及换算方法。

七、课时安排

1 课时

八、关联课程

语文　　　　　六年级《老人与海鸥》

数学　　　　　一年级《认识人民币》

美术　　　　　六年级《走进收藏世界》

品德与社会　　五年级《祖国领土不可分割》

九、流程导图

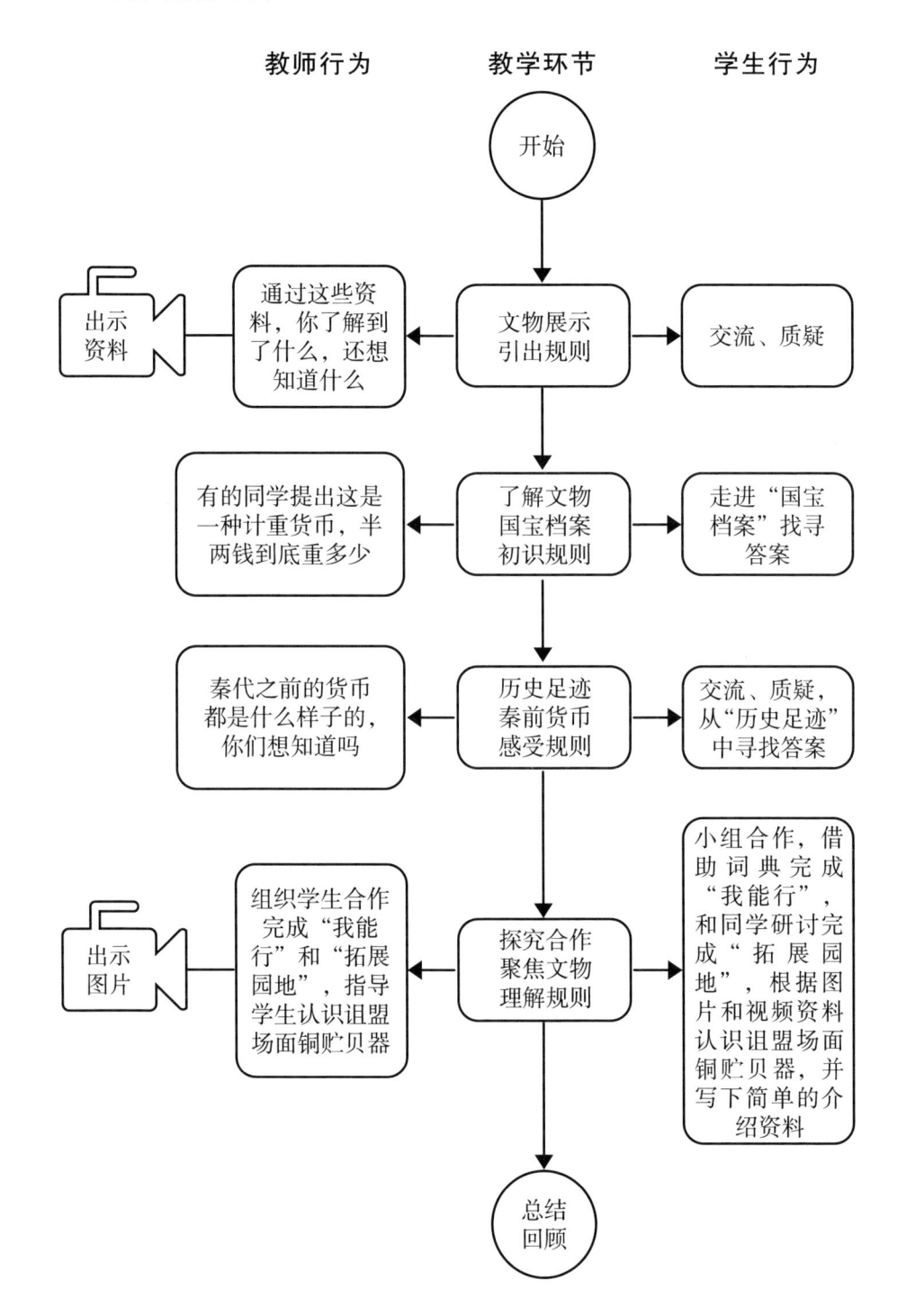

教师行为	教学环节	学生行为
出示资料 → 通过这些资料，你了解到了什么，还想知道什么	开始 ↓ 文物展示引出规则	交流、质疑
有的同学提出这是一种计重货币，半两钱到底重多少	了解文物国宝档案初识规则	走进"国宝档案"找寻答案
秦代之前的货币都是什么样子的，你们想知道吗	历史足迹秦前货币感受规则	交流、质疑，从"历史足迹"中寻找答案
出示图片 → 组织学生合作完成"我能行"和"拓展园地"，指导学生认识诅盟场面铜贮贝器	探究合作聚焦文物理解规则	小组合作，借助词典完成"我能行"，和同学研讨完成"拓展园地"，根据图片和视频资料认识诅盟场面铜贮贝器，并写下简单的介绍资料
	总结回顾	

十、实践教学

（一）导入

出示资料：半两钱图片及文字介绍

引导：通过这些资料，你了解到了什么，还想知道什么？

预设：我们了解到了钱币的名称和质地，还想知道它为什么叫半两钱，半两钱到底重多少？

【设计意图】通过图片及文字的介绍，激发学生的学习兴趣，让学生了解秦半两的相关知识，并提出不懂的问题。

（二）新授

引导：有的同学提出这是一种计重货币，半两钱到底重多少？请同学们走进"国宝档案"找寻答案。

预设：学生根据书中内容找寻答案。

小结：秦代半两钱在全国的通行，结束了中国历史上货币形状各异、重量相差悬殊的混乱状态，是中国古代货币史上币制由混乱向规范的一次重大演变，促进了社会经济的发展，也为秦的统一奠定了基础。由此可见，制定完善的规则是社会进步的保障。

引导：我们知道，秦始皇统一了货币，那秦代之前的货币都是什么样子的，你们想知道吗？咱们一起去发现新知吧。

【设计意图】激发探究兴趣，检验学生课前预习搜集资料的能力，通过交流、体会，进一步了解秦半两及秦代以前的货币，渗透规则的重要性。

出示图片：货贝、布币、刀币、圜钱、楚币

引导：你们知道这些都是什么吗？它们都是做什么用的呢？

预设：学生根据预习情况自由交流。

引导：根据文献记载，最早用于商品交换的等价物就是海贝。后来又出现了布币、刀币、圜钱、楚币四大货币。看到这些你有什么想法或者问题？

预设：这些货币为什么没能延续使用？是什么原因导致后来出现了半两钱呢？

过渡：让我们从"历史足迹"的内容中探寻根源吧。

小结：到了春秋战国时期，伴随着城市规模的扩大、城市人口的激增以及商人阶层的兴起，商品生产和贸易活动大量涌现，货币需求量越来越大，海贝已无法满足人们的需求了，金属铸币逐步取代了实物货币。又由于列国争霸、战乱不断以及各地区发展的差异，各国普遍自行铸币，形成了布币、刀币、圜钱、楚币四大货币体系。直到秦始皇统一六国，铜钱在形制上才统一为圆形方孔的半两钱。

引导：同学们，请大家小组合作完成下面"文物聚焦"的内容，在你们合作探究之后，看看哪个组的同学答题质量高、速度快，还能遵守规则。

活动操作及预期效果：

▷积累与"贝"有关的文字，人人参与，若能讲出与某个字相关的小故事更好。

▷"我能行"环节，可以借助词典，让学生自己探究两组词语的相同点和不同点，找出规律，配合具体语境进行相关教育。

我能行	
根据字形理解词语的含义（注音并解释）。	
赡养：shàn yǎng 供给生活所需。 （与经济、钱财有关，"贝"字旁）	瞻仰：zhān yǎng 恭敬地看。 （与看有关，"目"字旁）
我还能用其中一个词写一句话： 赡养——随着社会发展，赡养老人的话题越来越受到社会的关注。	

▷拓展园地，学生可以自主完成也可以小组交流、相互启发、合作完成。

3两+24铢=（ 4 ）两　　　2朋-10贝=（ 10 ）贝
12铢+15钱=（ 20 ）钱　　48铢-（ 2 ）两=0铢
30钱×2两=（ 6 ）两=（ 144 ）铢

（备注："贝"在日常交易中，以"朋"为计量单位，每朋相当于十贝。自621年开始，唐朝铸造"开元通宝"钱，规定十文钱重一两。）

预设：小组汇报。

出示图片：诅盟场面铜贮贝器

引导：这是一件与钱币有关的青铜器，你知道它的名字吗？你能根据它的名字和形状猜出它是做什么用的吗？重点观察盖子上展现的是什么场景。

预设：学生猜想。

播放视频：《文化大百科》节目之《诅盟场面铜贮贝器》

过渡：同学们课后可以到中国国家博物馆青铜器馆内听听讲解，完成学习单的任务。

小结：通过合作学习，我们又认识了几种货币，学习了和货币相关的知识及文物，还透过货币了解了不同时代形制不同的货币及相关的规则。从中我们可以看到，在国家制度健全的时代，币制统一，经济发展，人民安居乐业，说明了规则的重要性。

【设计意图】让学生通过动手实践，以小组合作的形式进行综合性学习整合，进一步了解与钱币有关的知识，认识相关文物，理解规则教育的深远意义。

（三）总结拓展

引导：随着时代发展，社会变迁，有些人缺乏诚信，做事不守规则。他们制造假币以牟取暴利，所以在人民币的设计上，防伪标记非常重要。

出示图片：2015年版100元人民币

引导：你知道2015年版100元人民币是什么时候发行的吗？它在防伪上又有什么特点呢？谁能讲给大家听？

预设：同学补充交流。

总结：希望同学们把今天学到的关于钱币防伪的知识回家和家长交流，通过宣传，让更多的人树立规则意识。请同学们遵守规则、讲诚信，让我们的社会更加安定和谐。

【设计意图】让学生们由物及人、由表及里地了解制定完善的规则是社会进步的保障。规则教育无处不在。

十一、拓展推荐

走进博物馆，走近货币

活动目的：通过本章的学习，学生了解了与货币有关的文物，明白了这些文物所承载的规则含义。课后可以让学生走进中国国家博物馆、古钱币博物馆等，再次了解与货币有关的文物，体验各个博物馆里与钱币有关的拓印等活动。在近距离观察、学习的过程中，加深理解，巩固认识，获取新知。

活动材料：纸、笔、相机等。

活动方法：

（1）活动前可上网了解，确定要去的展馆。

（2）到展馆后，拍照记录自己找到的文物。

（3）看文物介绍，听讲解员讲解，自己细致观察，把自己的认识、感受记录下来。

（4）参观学习完毕，整理学习记录，可用小报、演示文稿等形式呈现。

（5）全班交流。

执笔人：王瑾

第十一章　一诺千金

一、课程概述

本章介绍的核心文物是"季札挂剑图漆盘",从季札为人重诺守信、遵守做人规则这个角度来表达核心词。"国宝档案"板块重点介绍了"季札挂剑图漆盘"这件文物,同时讲述了"季札挂剑"这个故事,引导学生思考季札讲究诚信的品质,学习这种做人行事的规则。季札挂剑图漆盘是三国彩绘漆器的代表作,"历史足迹"板块追溯了漆器的发展历史。"文物聚焦"板块继续以漆器为核心进行拓展延伸,介绍了宫闱宴乐图漆案、黑漆嵌螺钿执壶这两件文物。宫闱宴乐图漆案上的彩绘图案展现出和谐而又有规则的场面。明代的黑漆嵌螺钿执壶器身优雅,工艺独特。在本板块的综合性学习中,学生探究漆器的发展历程,了解漆器发展背后社会经济的进步,感受宫闱宴乐的规则,对中华民族的漆文化有更深刻的认识。"阅古识今"板块带领学生来到徐州的季子挂剑台,感受几千年历史变迁中始终不变的是人们对季札为人处世遵守诚信原则的崇敬之情,引导学生再次思考季札挂剑的故事,激励他们努力践行诚信的道德规则。

二、适用对象

三年级学生

三、教学方法

问题探究法、合作学习教学法。

四、目标维度

1. 认识季札挂剑图漆盘、宫闱宴乐图漆案、黑漆嵌螺钿执壶这几件文物,了解季子挂剑台这处古迹。

2. 在自主、合作、探究性学习中,综合运用语文、品德与社会、美术、书法等学科知识,思考季札挂剑的故事,欣赏漆器之美,探究漆器发展过程,培养阅读与表达、思考与观察、收集处理信息及与他人合作的能力。

3.受到季札诚信守规精神的熏陶，努力践行社会主义核心价值观。激发学生对大美中国工艺的自豪与热爱之情，激发学生去博物馆学习的兴趣。

五、重点难点

教学重点：认识季札挂剑图漆盘、宫闱宴乐图漆案、黑漆嵌螺钿执壶这几件文物，了解季子挂剑台这处古迹。

教学难点：在自主、合作、探究性学习中，综合运用语文、品德与社会、美术、书法等学科知识，思考季札挂剑的故事，欣赏漆器之美，探究漆器发展过程，培养阅读与表达、思考与观察、收集处理信息及与他人合作的能力。

六、前期准备

教师准备：多媒体课件等教学用具。

学生准备：积累有关诚信的名言。

七、课时安排

2课时

八、关联课程

美术	三年级《泥条造型》
品德与社会	三年级《我和同学》

九、流程导图

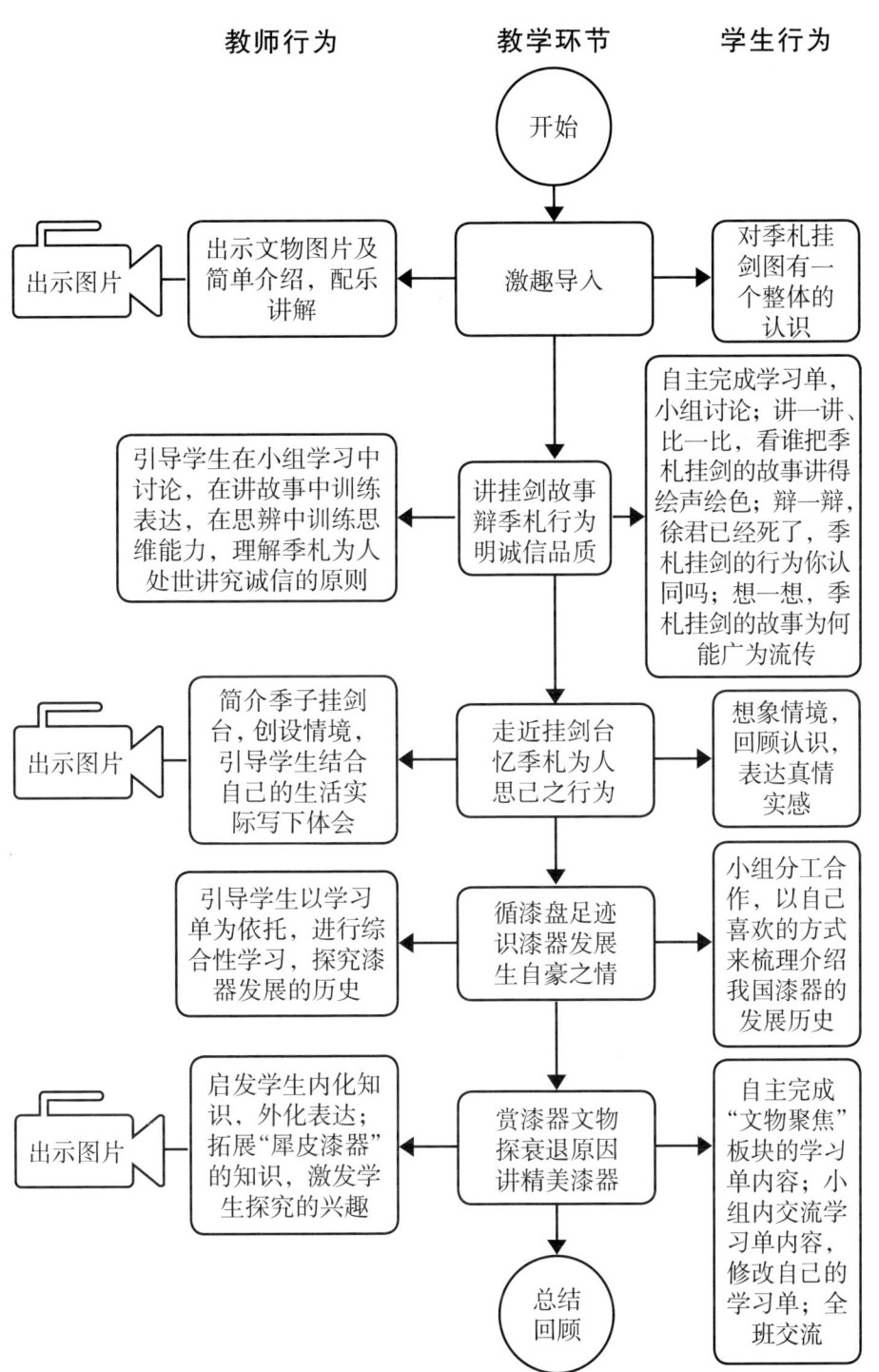

教师行为	教学环节	学生行为
出示图片 ← 出示文物图片及简单介绍，配乐讲解	开始 → 激趣导入	对季札挂剑图有一个整体的认识
引导学生在小组学习中讨论，在讲故事中训练表达，在思辨中训练思维能力，理解季札为人处世讲究诚信的原则	讲挂剑故事辩季札行为明诚信品质	自主完成学习单，小组讨论；讲一讲、比一比，看谁把季札挂剑的故事讲得绘声绘色；辩一辩，徐君已经死了，季札挂剑的行为你认同吗；想一想，季札挂剑的故事为何能广为流传
出示图片 ← 简介季子挂剑台，创设情境，引导学生结合自己的生活实际写下体会	走近挂剑台忆季札为人思己之行为	想象情境，回顾认识，表达真情实感
引导学生以学习单为依托，进行综合性学习，探究漆器发展的历史	循漆盘足迹识漆器发展生自豪之情	小组分工合作，以自己喜欢的方式来梳理介绍我国漆器的发展历史
出示图片 ← 启发学生内化知识，外化表达；拓展"犀皮漆器"的知识，激发学生探究的兴趣	赏漆器文物探衰退原因讲精美漆器	自主完成"文物聚焦"板块的学习单内容；小组内交流学习单内容，修改自己的学习单；全班交流
	总结回顾	

十、实践教学

第一课时

（一）导入

出示图片：季札挂剑图漆盘

引导：这是三国吴时期的季札挂剑图漆盘，直径24.8厘米，上面所画人物神态逼真且富有浓厚的生活气息，堪称三国彩绘漆器的代表作。盘心绘春秋时吴国的季札在徐君墓前挂剑致祭的历史故事。（教师配乐介绍。）

【设计意图】让学生对季札挂剑图漆盘有一个概括的认识，激发学习的兴趣。

（二）新授

1.讲季札故事，辩季札行为，明诚信品质

引导：季札挂剑的故事内容是什么呢？对于季札挂剑的行为你又是怎么看的呢？请你阅读"国宝档案"部分，自主完成学习单的内容，然后小组内进行讨论：徐君已经死了，季札挂剑的行为你认同吗？

预设1：我认同，认同的理由是：季札虽然没有说出来，但在心里已经对徐君做出了承诺，他需要信守承诺，虽然徐君死了，也要把剑给他。

预设2：我不认同，不认同的理由是：季札虽然在心里承诺了徐君，要把剑送给他，但是徐君已经死了，所以没必要把剑挂在他的坟前，以后季札依然可以在其他事情上继续坚守诚信的原则。

小结：不管季札怎样去做，我们都认为做人是应该坚守诚信的原则的。只是季札这样做更说明他已经把讲诚信内化为自己做人的准则。

引导：想一想，季札挂剑的故事为何能广为流传？

预设：大家敬佩季札的为人。人们希望在社会生活中大家都可以学习季札为人讲诚信的精神，遵守做人做事的准则。

小结：季札并没有因为徐君的过世而违背做人应有的准则——诚信，更难能可贵的是，他的允诺只是生发于内心。他"一诺千金、至死不渝"的诚信品质，令我们无比地崇敬与感动。他为人处世的这种品质，也是我们推崇的一种规则。

【设计意图】在小组学习中讨论，在讲故事中训练表达能力，在思辨中训练思维能力，层层深入，理解季札为人处世讲究诚信的原则，情感上受到熏陶与感染。

2. 走近挂剑台，忆季札为人，思己之行为

引导：我们一起来了解季札挂剑的遗址——季子挂剑台。（班里如果有学生去过季子挂剑台，可以请学生来介绍。如果没有人去过，教师可以配图片简单介绍。）

季子挂剑台，为古泗洲十景之一，是徐州的著名古迹之一。年代的久远造成了台址的不确定。新址位于徐州市泉山区云龙山西麓。很多人到了徐州都会去季子挂剑台看一看，抚今追昔，就是因为大家敬重季札为人诚信的精神。

引导：此时此刻，你来到季子挂剑台，想起季札挂剑的故事，会有怎样的感悟呢？请你结合自己的生活实际写一写。

预设：学生交流体会。

小结：同学们，季札挂剑的故事虽然离我们已经很久远了，但他为人处世的态度、恪守诚信的精神会一直影响着我们，激励着我们去努力践行和谐社会的道德准则。

【设计意图】想象情景，回顾认知，引导学生表达自己的真情实感，训练学生的书面表达能力及口语表达能力。

第二课时

（一）导入

引导：上节课我们认识了季札挂剑图漆盘这件文物，谁能当当小讲解员，给大家介绍一下这件文物呢？

预设：学生自由发言。

过渡：季札挂剑图漆盘是我国漆器的代表作之一，这节课我们将沿着历史长河，去看看其他的漆器代表作。

【设计意图】引导学生以小讲解员的口吻来介绍季札挂剑图漆盘，内化所学知识，同时激发学生学习的热情。

（二）新授

1. 循漆盘足迹，识漆器发展，生自豪之情

引导：季札挂剑图漆盘是三国彩绘漆器的代表作。我国制作漆器的历史已经有七千多年了，请同学们以小组为单位，阅读教材并了解漆器的历史。

预设：学生小组合作学习"历史足迹"板块，以自己喜欢的方式来梳理介绍我国漆器的发展历史。

【设计意图】本板块主要是阅读材料，学生自主学习，在小组合作中互为补充，共同提高，在梳理汇报中提升归纳总结的能力和表达能力。

2. 赏漆器文物，探衰退原因，讲精美漆器

引导：请同学们自主完成"文物聚焦"板块的学习单内容。

预设：小组内交流学习单内容，修改自己的学习单，然后全班交流，汇报由"漆"字想到的词语，如漆黑、漆器、喷漆、烤漆、如胶似漆等等。

【设计意图】与语文学科融合，在了解"漆"字的基础上，帮助学生进一步理解带有漆字的词语的意思。

出示图片：宫闱宴乐图漆案

引导：请同学们仔细观察这幅画，大家知道画上描绘的是怎样的场景吗？

预设：小组汇报宫闱宴乐图漆案的相关内容，小组间互相补充，提升认识。如：这是一幅漆案的图片，描绘了热闹的宴乐场面；有很多人在弹奏不同的乐器，还有人在跳舞，场面盛大；虽然人多，但没有杂乱无章的感觉，是一片和谐而又有规则的景象；在那个年代就可以雕刻这样复杂的图案令人惊奇，漆案工艺精美，匠人技艺高超。

【设计意图】每个小组讲述的角度互有不同，在互相补充中，对图案内容的认识就更加完整了。

引导：东汉以后，漆器在日用器皿领域的重要程度日益衰退，制作数量缩减，是什么逐渐取代了漆器在日常生活中的地位呢？（这个问题可以作为一个引子，引导学生进行课后的拓展学习。）

预设：学生讨论并发言。

【设计意图】既可以引导学生利用既有知识来了解瓷器逐渐取代漆器的过程，同时还可以继续激发学生探究的兴趣。

（三）总结拓展

出示图片：犀皮漆器

拓展：同学们，你们看这些精美的漆器，它们有一个特殊的名字，叫"犀皮漆器"。为什么用这样一个名字呢？它们是用犀牛皮做成的吗？其实，这里所谓的"犀皮"并不是犀牛皮，而是特指中国古代漆器制作中的一种装饰工艺。你们知道吗，这件"红金斑菠萝漆圆盒"出自甘而可先生之手，被收藏在故宫博物院。感兴趣的同学课下可以继续去了解有关犀皮漆器的资料，还可以去了解甘而可先生一直潜心钻研的徽州漆器髹饰技艺。

【设计意图】内化知识，外化表达，提升学生的认知及表达水平，激发学习兴趣，激发学生传承中华传统文化的责任感。

十一、拓展推荐

1. 各组推荐小小讲解员，介绍黑漆嵌螺钿执壶，互评最佳讲解员。

2. 制作漆器兴衰图

活动目的：在课堂讨论的基础上，了解东汉以后漆器在日用器皿领域日渐衰退的原因，培养学生的探究学习能力，提升学生的认知水平。

活动材料：笔、学习单、相机等。

活动方法：

（1）布置学习任务：走进中国国家博物馆进行实地考察，了解一下，东汉以后又出现了什么样的器皿？隋唐以后，什么材质的器皿成了日用器皿的基本类型？思考一下，为什么它能成为日用器皿的基本类型呢？

（2）走进博物馆进行观察记录，有不明白的可以询问讲解员。

（3）自主整理学习单。

（4）全班交流。

（5）个人自评，小组内学生互评。

（6）教师评价。

十二、注意事项

1. 在本章的教学过程中，建议教师不要单纯引导学生去探究知识，要更多地去激发学生兴趣，鼓励学生参与，提升学生的人文素养。每一件精美的漆器都是有生命力的，可以让学生多去关注细节，对祖国的漆文化有所了解，提升学生的民族自豪感。在小组合作与互动中鼓励学生全员参与，在汇报中互相学习，提升学生的表达能力、思辨能力、实践与创新能力。

2. 在组织学生去博物馆进行拓展性学习时，要先引导学生明确学习任务，带好学习单和用具，可以提前分好组，参观有重点，学习有目的，提高学习效率。

执笔人：王静

第十二章　为政之道

一、课程概述

本章介绍的核心文物是《步辇图》。该图是唐代著名画家阎立本以唐太宗李世民接见吐蕃使者禄东赞的历史事件为题材创作的人物肖像画。整幅画卷中的焦点人物——唐太宗李世民践行诚信之道，开创了"贞观之治"。

"国宝档案"板块重点介绍了这件文物，同时补充了李世民讲究诚信的两个小故事，使学生感受李世民重诺守信、讲求规则的品格，感受遵规守信对于国家繁荣昌盛的重要性。"历史足迹"板块介绍了文成公主进藏的历史故事及其深远影响。文成公主进藏对于汉藏两族贡献巨大，因此获得了藏族人民的爱戴。"文物聚焦"板块介绍了文成公主和松赞干布的塑像、唐蕃会盟碑等文物，使学生在综合性学习中了解文物。"阅古识今"板块引导学生观察生活、关注社会、践行规则。

二、适用对象

三年级学生

三、教学方法

问题探究法、合作学习教学法。

四、目标维度

1. 认识《步辇图》、文成公主和松赞干布的塑像、唐蕃会盟碑等文物，在认识文物的过程中，感受遵规守信的重要性。

2. 在综合性学习中，了解文成公主进藏的历史意义。在动脑动手、动口动笔的过程中，综合运用语文、美术、品德与社会、书法等学科的知识。

3. 培养学生在生活中讲诚信、守规则的良好品格，鼓励学生进一步走进博物馆进行拓展学习。

五、重点难点

教学重点：认识《步辇图》、文成公主和松赞干布的塑像、唐蕃会盟碑等文物，在认识文物的过程中，感受遵规守信的重要性。

教学难点：在综合性学习中，了解文成公主进藏的历史意义。在动脑动手、动口动笔的过程中，综合运用语文、美术、品德与社会、书法等学科的知识。

六、前期准备

教师准备：多媒体课件、彩笔等教学用具。

学生准备：查找有关文成公主进藏的历史以及我国民族政策的相关资料。

七、课时安排

2课时

八、关联课程

语文　　　　　　　四年级《文成公主进藏》
品德与社会　　　　五年级《中华民族大家庭》

九、流程导图

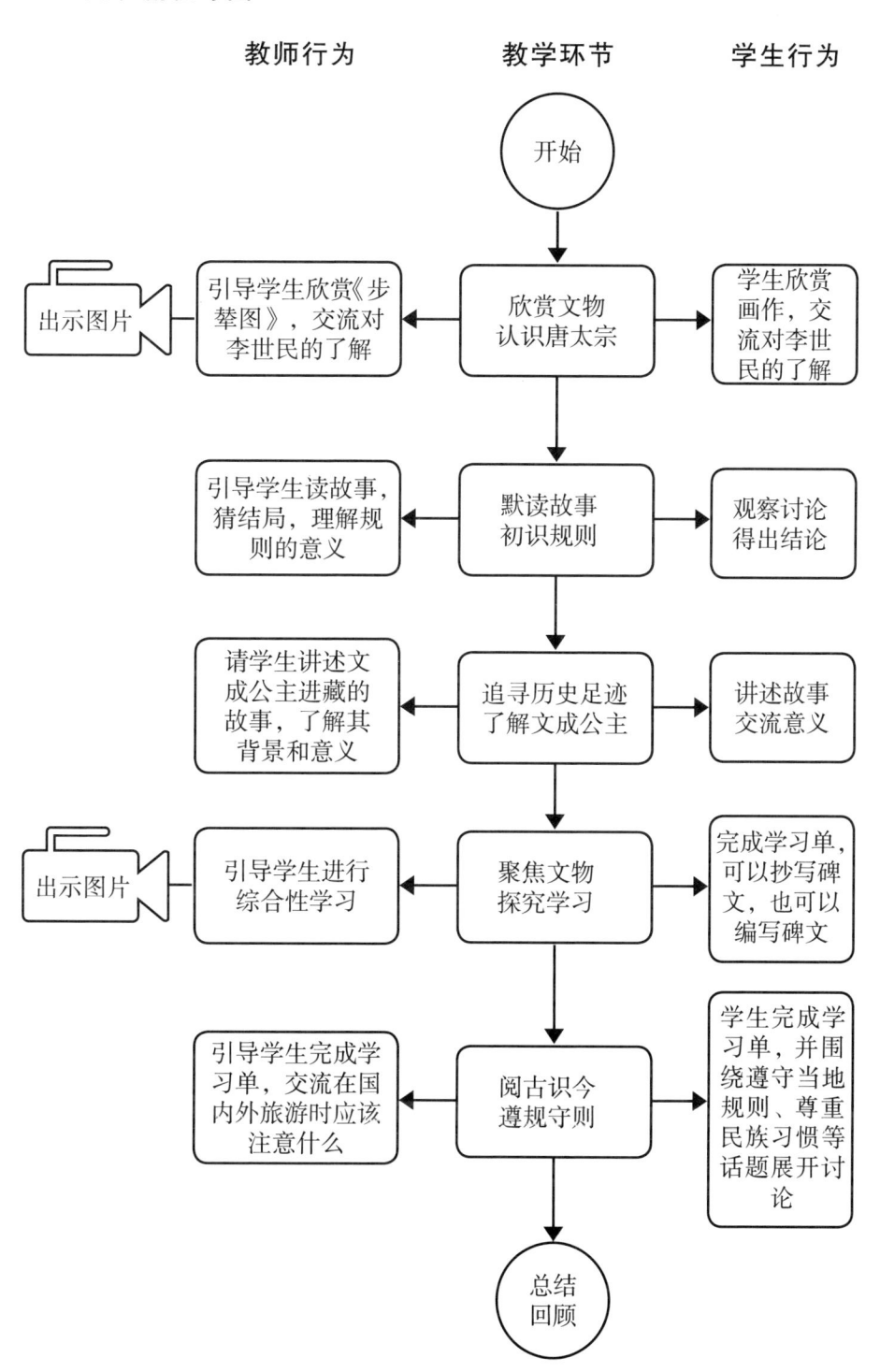

教师行为	教学环节	学生行为
	开始	
出示图片 ← 引导学生欣赏《步辇图》，交流对李世民的了解	→ 欣赏文物 认识唐太宗 ←	→ 学生欣赏画作，交流对李世民的了解
引导学生读故事，猜结局，理解规则的意义	→ 默读故事 初识规则 ←	→ 观察讨论 得出结论
请学生讲述文成公主进藏的故事，了解其背景和意义	→ 追寻历史足迹 了解文成公主 ←	→ 讲述故事 交流意义
出示图片 ← 引导学生进行综合性学习	→ 聚焦文物 探究学习 ←	→ 完成学习单，可以抄写碑文，也可以编写碑文
引导学生完成学习单，交流在国内外旅游时应该注意什么	→ 阅古识今 遵规守则 ←	→ 学生完成学习单，并围绕遵守当地规则、尊重民族习惯等话题展开讨论
	总结回顾	

十、实践教学

第一课时

（一）导入

出示图片：《步辇图》

引导：这是唐代著名画家阎立本的作品，请大家一起欣赏这幅画，说一说这幅画给你什么感受，猜一猜画中人物都是谁。

预设：这幅画画得很生动、很细致，通过人物的表情好像能感受到他们的心情。画面上，一些宫女抬着一个人，有三个人给他作揖。

引导：你们觉得被抬着的那个人是谁？画中的人物出自哪个朝代？为什么？

预设：被抬着的是个有地位的人，可能是皇帝。因为穿红衣服的人都给他作揖，他一定很有地位。他们可能是唐代的人，看宫女穿的衣服很像那个时候的风格。

过渡：这幅画就是著名的《步辇图》，让我们一起来认识它。（教师就此介绍这幅画的内容。）

引导：你们对唐太宗李世民有哪些了解呢？

预设：学生交流。

过渡：下面让我们透过《步辇图》这件文物来认识一下李世民吧。

【设计意图】激发学生的兴趣，通过欣赏和猜测产生进一步了解唐太宗李世民的愿望。

（二）新授

1. 默读故事，初识规则

引导：李世民是一位明君，他讲究诚信、遵守规则的故事至今为人们传颂，请大家默读一下"国宝档案"的内容。谁能用自己的话给我们讲讲李世民的故事？

预设：学生自学并交流。

2. 补充故事

引导：假如你是魏征，你会怎么说呢？

预设：既然陛下以前说年满21岁才能当兵，现在让不满21岁的人服兵役就是不守信用，百姓以后可怎么相信您呢？陛下常说要以诚信待天下，不可欺诈人民，可您却先失去诚信。陛下不以诚信待人，所以先疑心人民欺诈。

3. 猜想结局

引导：被放回去的390个死囚，没有人带领，也没有人监督，你们觉得这些死囚会按时回京接受斩刑吗？

预设1：应该会有人不回来。没人带领，没人监督，这正是逃跑的好机会。回来肯定死，跑了也许还能活。

预设2：所有死囚都会回来。因为唐太宗李世民下令放他们回去的时候就说了第二年要回来，他们像唐太宗一样讲究诚信、遵守规则，所以都按时回来了。

小结：结果正如一些同学猜测的，390个死囚全部按时回京接受斩刑，最后李世民将这些死囚全都赦免了。

4. 议一议、评一评，理解规则的意义

引导：这些死囚按时回京接受斩刑与李世民的讲究诚信有关系吗？

预设：学生交流自己的看法。

5. 拓展交流

引导：你们还知道哪些李世民讲诚信、守规则的故事？

预设：学生结合课前查找的资料进行交流。比如：唐太宗喜欢玩鹞鸟，有一次，正在玩鸟的时候，魏征前来觐见，唐太宗赶忙把鸟藏在了袖子里。等魏征走后，小鸟闷死了。虽然唐太宗很生气，但是并没有迁怒于魏征，从这一点可以看出李世民作为一国之君是很遵守规则的。

小结：作为堂堂天子，李世民遵规守纪、以身作则，上行下效，国家才能长治久安，李世民才能开创一代盛世！

【设计意图】通过两则小故事，让学生了解李世民是一个讲究诚信、遵守规则的人，在他的带领下，百姓也能做到讲究诚信、遵规守则，由此感受到遵守规则的重要性。

（三）总结拓展

引导：《步辇图》以吐蕃首领松赞干布与文成公主联姻的历史

事件为背景绘成。唐代文成公主入藏和亲的故事流传了一千多年，那么历史上这个故事是怎样的呢？

预设：学生自由讲述文成公主进藏的故事。学生在交流中互相补充，了解文成公主进藏的历史背景及意义。

总结：文成公主进藏和亲，使得唐王朝和吐蕃之间关系融洽，更促进了藏族地区经济、文化、农业等领域的繁荣。因此，文成公主和松赞干布深受藏族人民的爱戴。他们到底为汉藏两族做出了哪些贡献呢？请同学们回去查找资料，下节课交流、学习。

第二课时

（一）导入

过渡：同学们，上节课我们欣赏了《步辇图》，认识了唐太宗李世民，感受了他遵规守纪的品格，了解了文成公主进藏的历史故事。文成公主和松赞干布深受藏族人民的爱戴，这是为什么呢？下面就让我们一起来聚焦文成公主和松赞干布的塑像以及唐蕃会盟碑这两件文物，按照学习单上的要求，进行小组合作学习。

（二）新授

1. 小组合作，聚焦文物，探究学习

引导：请大家打开《规则》（中）第36页，根据书上的要求，小组分工合作，自主进行"文物聚焦"部分的学习。

预设：小组汇报，小组与小组之间可以互动。

【设计意图】学生以学习单为依托，通过合作学习的方式进行综合性学习，在组内互动、组间互动中互为补充，共同提高。

2. 阅古识今，遵规守则

引导：请同学们结合课前查找的资料，完成书中学习单的相关内容，并以小组为单位交流学习收获。

预设：组内交流，评选出最好的作品，并进行全班展示。

引导：同学们，我们现在经常有机会到世界各地去旅游。然而，我们也会经常听到很多关于中国人在国外不文明举动的新闻报道，国人素质深受诟病。请你们结合自身的经历说一说，在旅游的过程中应该注意些什么？

预设：学生围绕遵守当地规则、尊重民族习惯等展开讨论。

【设计意图】阅古识今，学以致用。学生在调查了解、绘画、拍摄的过程中学会交流、学习表达。

（三）总结拓展

总结：一代明君李世民恪守规则的为政之道值得我们学习，我们要从小诚实守信、遵规守则，共同建设美好和谐的社会。

十一、拓展推荐

走进博物馆，了解贞观之治

活动目的：通过本章的学习，学生了解了和李世民以及文成公主进藏有关的文物，明白了这些文物所承载的意义。课后可以走进中国国家博物馆，再次了解与之相关的文物，可以是本章中介绍的，也可以是本章中没有提到的，在近距离观察、学习的过程中，加深理解，巩固认识，获取新知。

活动材料：纸、笔、相机等。

活动方法：

（1）活动前可上网了解，确定要去的展馆。

（2）到展馆后，拍照记录自己找到的文物。

（3）看文物介绍，听讲解员讲解，自己细致观察，把自己的认识、感受记录下来。

（4）参观学习完毕，整理学习记录，可用小报、演示文稿等形式呈现。

（5）全班交流。

执笔人：赵苹

第十三章　公廉守规

一、课程概述

孔子说："从心所欲，不逾矩。"社会要想发展，"规则"至关重要，大到社会规则、交通规则、法律规则，小到家庭规则、游戏规则等都需要人们去遵守。本章介绍的核心遗迹是"包孝肃公墓园"。敢与官场多年盛行的潜规则对抗，维护国家、人民的利益，重整法律规则的包拯可以说是正义的化身。"国宝档案"板块重点介绍了包公墓的纪念价值，同时补充了包拯为人耿直、公正廉明的小故事，让学生感受包拯的铁面无私、廉洁自律。关于包拯的很多故事源于民间传说，他正直公正的形象为人们所喜爱。"历史足迹"板块是以当时的历史时期——北宋为背景，从法律、政治、军事、文学等方面阐述社会改革的重要性，以及清官给国家带来的正向引导。"文物聚焦"板块介绍了文天祥的《过零丁洋》、傅山书写的《正气歌》以及海瑞罢官的故事，使学生体会为了家国视死如归的民族气节。"阅古识今"板块引导学生观察生活、关注社会、践行规则。

二、适用对象

三年级学生

三、教学方法

问题探究法、合作学习教学法。

四、目标维度

1.认识包孝肃公墓园、傅山书写的《正气歌》、海瑞祠堂等历史见证，在了解历史的过程中，感受规则的重要性。

2.在综合性学习中，初步了解清官身上共有的品质。在动脑、动口、动笔的过程中，综合运用语文、品德与社会、音乐、书法等学科知识，提高综合素养。

3.培养学生在生活中讲诚信、守规则的良好品格，激励学生进一步走进博物馆进行拓展学习。

五、重点难点

教学重点：认识包孝肃公墓园、傅山书写的《正气歌》、海瑞祠堂等历史见证，在了解历史的过程中，使学生感受规则的重要性。

教学难点：在综合性学习中，引导学生初步了解清官身上共有的品质，培养学生综合运用语文、品德与社会、音乐、书法等学科知识的能力。

六、前期准备

教师准备：多媒体课件等教学用具。

学生准备：查找有关包拯的小故事。

七、课时安排

1课时

八、关联课程

音乐　　　　　　六年级《包龙图打坐在开封府》

品德与社会　　　五年级《源远流长的历史》

九、流程导图

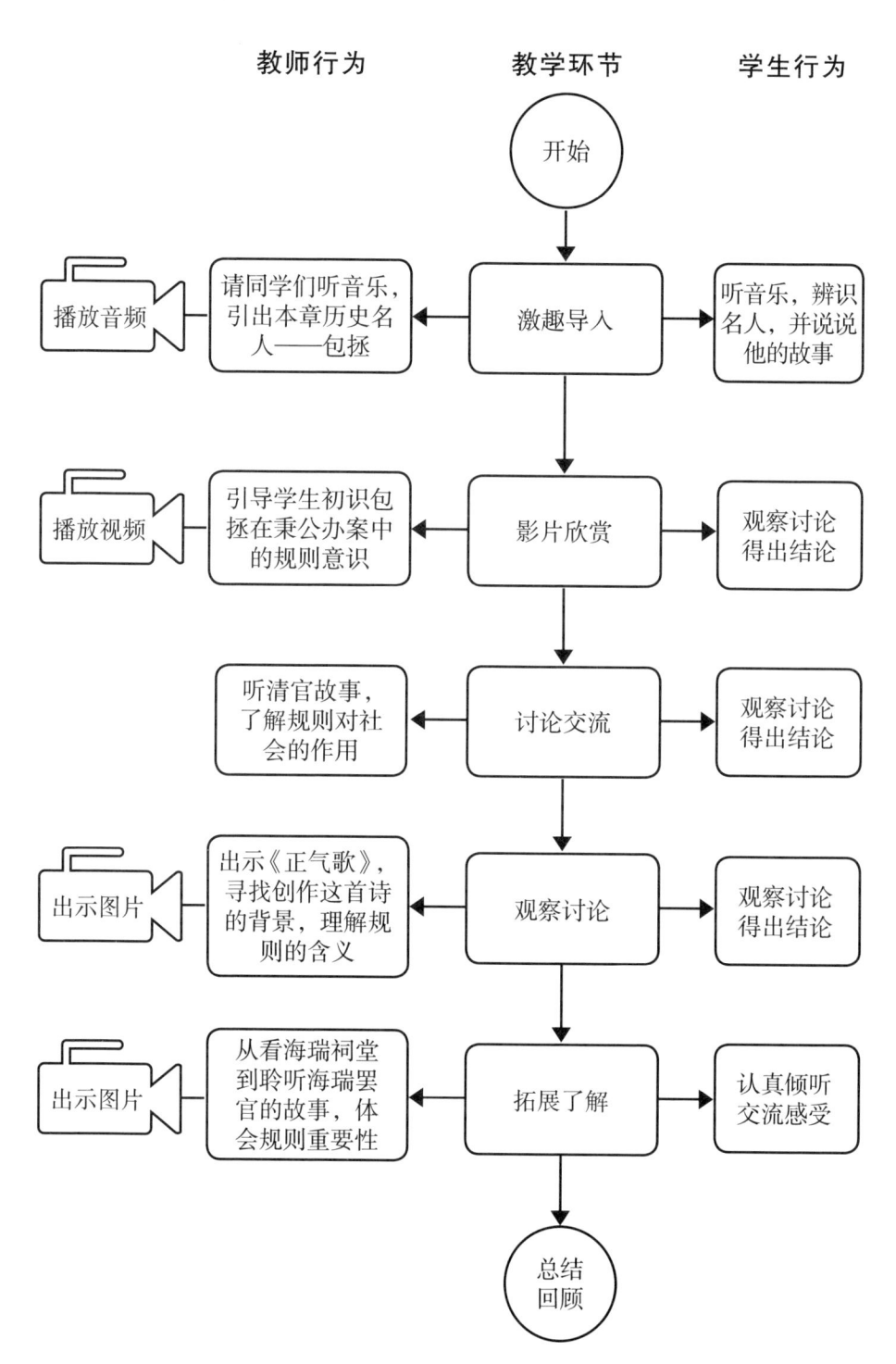

教师行为	教学环节	学生行为
播放音频 → 请同学们听音乐，引出本章历史名人——包拯	开始 → 激趣导入	听音乐，辨识名人，并说说他的故事
播放视频 → 引导学生初识包拯在秉公办案中的规则意识	影片欣赏	观察讨论得出结论
听清官故事，了解规则对社会的作用	讨论交流	观察讨论得出结论
出示图片 → 出示《正气歌》，寻找创作这首诗的背景，理解规则的含义	观察讨论	观察讨论得出结论
出示图片 → 从看海瑞祠堂到聆听海瑞罢官的故事，体会规则重要性	拓展了解	认真倾听交流感受
	总结回顾	

十、实践教学

（一）导入

播放音频：歌曲《包青天》

引导：你知道这首歌赞美的是哪位名人吗？你知道哪些有关他的故事？

预设：包拯，《秦香莲》《狸猫换太子》《铡包勉》等。

【设计意图】用歌曲引入教学，激发学生的兴趣，从而快速进入主题，拉近历史人物与课堂之间的距离，调动课堂气氛。

（二）新授

1.故事探究，国宝档案，初识规则

引导：就像你们说的，有关包拯的故事很多很多，为什么人们这么爱戴他？民间又为什么流传了这么多关于他的故事呢？让我们一起来欣赏京剧选段《铡包勉》。

播放视频：京剧选段《铡包勉》

引导：请大家说一说，包拯为什么这么做？

预设：他为人正直，不徇私枉法，敢于与恶势力作斗争，心中始终抱有"在法律面前人人平等"的观念，对官员与平民一视同仁。

引导：那么在京剧脸谱中，包拯是什么样子呢？请你从书上的四个脸谱中选一选。

预设：学生选择黑色脸谱。

引导：议一议，黑色脸谱在京剧中的寓意是什么？

预设：黑脸一般代表铁面无私、直爽刚毅、勇猛智慧。

引导：课前你所了解的有关包拯的故事中，哪些能代表他铁面无私、办案公正？讲一讲你所了解的这些小故事。

预设：学生自由发言。

小结：包拯廉洁公正、刚正不阿、不附权贵、铁面无私，而且英明决断，敢于替百姓鸣不平，故有"包青天"及"包公"之名，当时的京师有"关节不到，有阎罗包老"之语。后世将他奉为神明崇拜，认为他是文曲星转世。

【设计意图】通过一个个鲜活的小故事，使学生感受到包拯为什么是为官正直、遵守规则的代表，从他身上我们可以感受到为什么要遵守规则，以及遵守规则后带给身边的人、带给社会的好处是什么。

2.历史足迹，认识清官，感受规则

引导：960年，后周大将赵匡胤在陈桥驿发动兵变，建立宋朝，定都开封，史称北宋。又经过十余年的征战，五代十国的分裂局面基本结束了。北宋时期，涌现出很多像包拯一样办事公正、为官清廉的军事家、政治家、文学家，他们胸怀天下。你还知道哪些在当时像包拯一样为官清廉、正言直谏的清官？

预设：范仲淹、王安石等。

【设计意图】通过了解历史，懂得为什么在当时需要这么多为官正直、严守规则之人，以及他们为社会的发展起到了什么作用。

3.文物聚焦，抒发情感，理解规则

引导：在我国的历史上，除了像包拯、范仲淹、王安石这样的正直、严守规则的人，以及他们为官正直的事迹外，还有哪些人、哪些事也体现了这种品质呢？

（1）认识文天祥

引导：文天祥，初名云孙，字宋瑞，一字履善，自号文山、浮休道人，江西吉州庐陵（今江西省吉安市青原区富田镇）人，南宋末年文学家、爱国诗人，与陆秀夫、张世杰并称为"宋末三杰"。宝祐四年（1256年），文天祥状元及第，后官至右丞相，封信国公。祥兴元年（1278年），于五坡岭兵败被俘，宁死不降。至元十九年（1282年）十二月初九，在柴市从容就义。著有《文山诗集》《指南录》《指南后录》《正气歌》等。

出示图片：傅山书写的《正气歌》

引导：你知道文天祥在狱中创作的《正气歌》吗？哪句给你的印象最深刻？

预设：学生阅读《正气歌》并讨论。

引导：请同学们欣赏书上展示的著名书法家王祥之的书法作品。这句话告诉了我们什么道理？同桌之间相互讨论一下吧。

预设："人生自古谁无死，留取丹心照汗青"这句诗，说的是自古以来，人终不免一死，但死得要有意义，倘若能为国尽忠，死后仍可光照千秋，青史留名。

引导：试着用你喜欢的字体书写这句话。

预设：全班交流展示。

（2）认识海瑞

引导：海瑞，字汝贤，号刚峰，广东琼山（今属海南）人，明代著名清官。海瑞一生经历了正德、嘉靖、隆庆、万历四朝。嘉靖二十八年（1549年）海瑞参加乡试中举，初任福建南平教谕，后升浙江淳安知县，推行清丈、平赋税，并屡平冤假错案，打击贪官污吏，深得民心，后得到提升，历任兴国州判官、户部主事、兵部主事、尚宝丞、两京左右通政、右佥都御史等职。他打击豪强，疏浚河道，修筑水利工程，力主严惩贪官污吏，禁止徇私受贿，并推行一条鞭法，强令贪官污吏退田还民，遂有"海青天"之誉。万历十五年（1587年），海瑞病死于南京官邸，赠太子太保，谥忠介。海瑞死后，关于他的故事在民间广为流传。

引导：你知道海瑞最经典的故事是什么吗？

预设：海瑞罢官。

引导：为了纪念他，后人还特意在浙江修建了一座祠堂——海瑞祠。你能在中国地图上找到祠堂所在的省，并把它圈出来吗？

预设：学生到讲台上圈出浙江省的位置。

小结：刚才我们一起认识了这么多为人正直、恪守规则的官员，你能感受到他们之间有什么共同的特点吗？为什么至今人们还会如此爱戴他们？

【设计意图】从众多为人正直、恪守规则的官员身上进一步理解规则的重要性，从而形成规则意识。

（三）总结拓展

出示资料：情景练习

拓展：读一读屏幕上的文字，说说面对这样的情况，你该怎么办。

1.当你跟妈妈过马路时，红灯亮了，如果不过去就可能会迟到，过去就违反了交通规则，这时候你该怎么办？

2.作为课代表的你，下课了，很想出去玩，但现在要发作业本，你该怎么办？

拓展：课后，请大家写一写我们应该如何做到遵守规则。

【设计意图】通过读、议、写的活动，让学生把规则意识贯彻到实际行动中，从而以小带大、以点带面形成良好社会风气，为法治社会建设贡献出自己的微薄之力。

十一、拓展推荐

走进文天祥祠

活动目的：通过本章的学习，学生了解了包拯、文天祥、海瑞等官员为了国家大义而抛弃自己的小利，勇于与旧制度、潜规则相抗衡，一直严守规则、处事正直，为国家、为人民不怕牺牲的精神。课后引导学生走进文天祥祠，更深入地了解影响文天祥一生的人和事，以及他被后人一直念念不忘的优秀品德是什么，从而对"规则"有更深的认识。

活动材料：纸、笔、相机等。

活动方法：

（1）活动前可上网了解文天祥祠。

（2）到文天祥祠后，拍照记录自己找到的文物。

（3）看文物介绍，听讲解员讲解，自己细致观察，把自己的认识、感受记录下来。

（4）参观学习完毕，整理学习记录，可用小报、演示文稿等形式呈现。

（5）全班交流。

十二、注意事项

1.本章的教学设计是按照板块进行的，在实施过程中，以学生的自主、合作学习为主，教师的指导为辅。在讨论中，要注意引导学生互相补充，使班级成为一个学习共同体。

2.因为这节课讲述了很多历史上很有名的官员,如果可能的话,应尽可能多地让学生搜集有关的故事、影像资料等,根据学生搜集的情况,可适当延为2课时。

执笔人:张春艳

第十四章　守则报国

一、课程概述

《中兴四将图》描绘了南宋初期四位著名的抗金将领，分别为刘光世、韩世忠、张俊和岳飞。四位将领坚守做人、做事的原则，一致抵抗金兵，共同保家卫国。本章"国宝档案"板块重点介绍了这件文物，同时重点介绍了岳飞的故事和"精忠报国"四个大字的由来，彰显岳飞对国家的忠诚和对道义的信守。"历史足迹"板块概述了南宋中兴时期的历史背景，使学生进一步感受到国家动荡时南宋将领的爱国精神。"文物聚焦"板块重点介绍了岳王庙高悬的匾额"还我河山"、岳飞创作的《满江红》、"秦桧铁跪像"以及辛弃疾的《水龙吟·登建康赏心亭》，使学生在综合性学习活动中了解文物。"阅古识今"板块引导学生观察生活、关注社会、践行规则。

二、适用对象

四年级学生

三、教学方法

启发式教学法、情境教学法。

四、目标维度

1.认识《中兴四将图》，了解岳飞精忠报国的故事。借助图片和文物秦桧铁跪像了解岳母刺下"精忠报国"四个大字的原因。

2.诵读《满江红》《水龙吟·登建康赏心亭》等诗歌，进一步感受古人对国家的忠贞。

3.培养学生在生活中从身边的小事做起，养成爱国家、守规则的良好品格。

五、重点难点

教学重点：认识《中兴四将图》，了解岳飞精忠报国的故事。借助图片和文物秦桧铁跪像了解岳母刺下"精忠报国"四个大字的原因。

教学难点：诵读《满江红》《水龙吟·登建康赏心亭》等诗歌，进一步感受古人对国家的忠贞。

六、前期准备

教师准备：多媒体课件、学习单等教学用具。

学生准备：查找岳飞抗金的小故事。

七、课时安排

2课时

八、关联课程

语文　　五年级《回顾·拓展二》

美术　　二年级《我们戴上红领巾》

九、流程导图

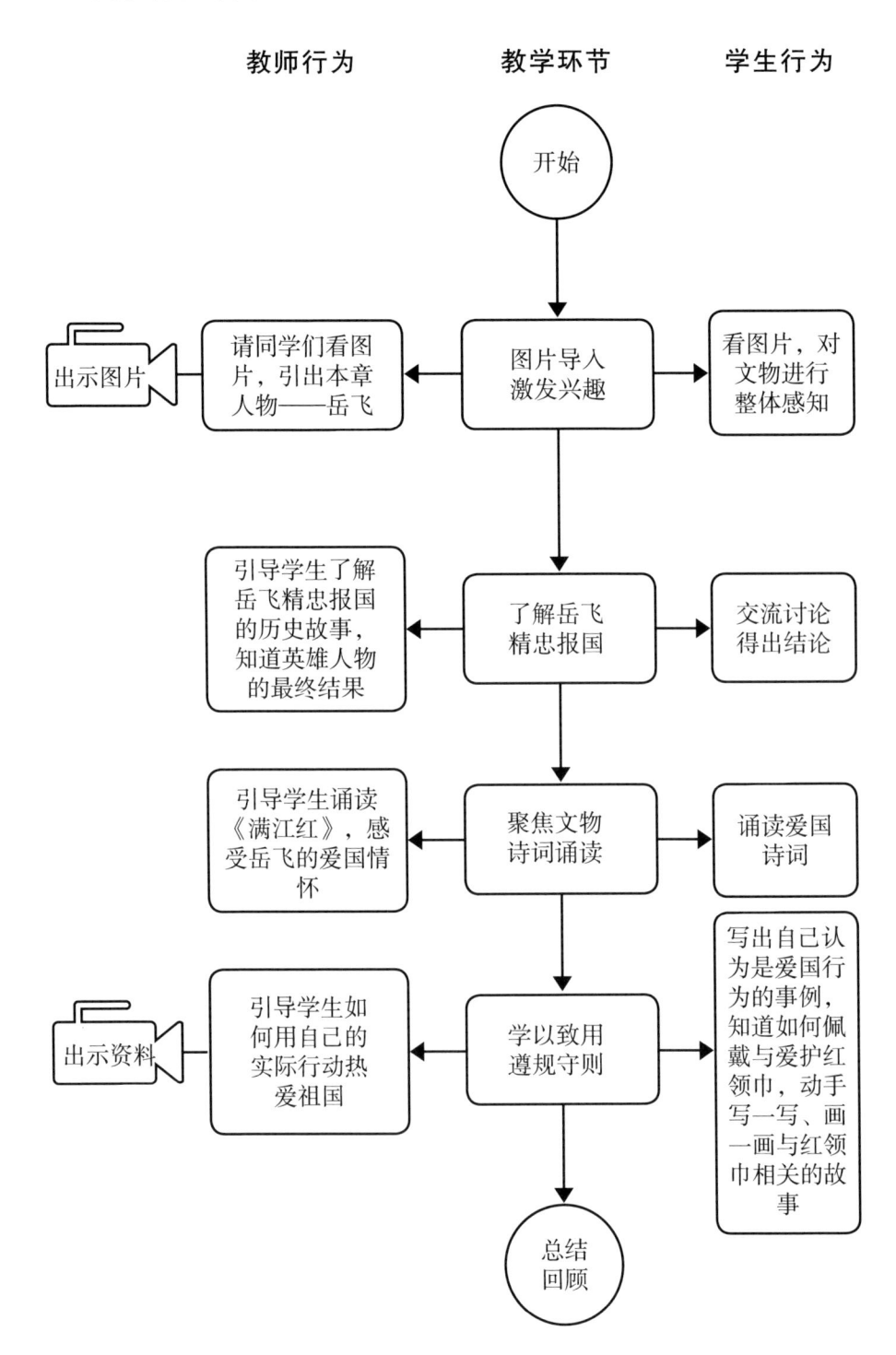

教师行为	教学环节	学生行为
	开始	
出示图片 ← 请同学们看图片，引出本章人物——岳飞	图片导入激发兴趣	看图片，对文物进行整体感知
引导学生了解岳飞精忠报国的历史故事，知道英雄人物的最终结果	了解岳飞精忠报国	交流讨论得出结论
引导学生诵读《满江红》，感受岳飞的爱国情怀	聚焦文物诗词诵读	诵读爱国诗词
出示资料 ← 引导学生如何用自己的实际行动热爱祖国	学以致用遵规守则	写出自己认为是爱国行为的事例，知道如何佩戴与爱护红领巾，动手写一写、画一画与红领巾相关的故事
	总结回顾	

十、实践教学

第一课时

（一）导入

出示图片：《中兴四将图》

引导：观察这幅图，你知道了什么？

预设：学生可能从图上的人物入手，介绍自己知道的人物，也可能从图上的文字入手，介绍自己了解的知识。不管从哪个角度谈起，都是对文物的整体观察和感知。

【设计意图】从图入手，激发兴趣。观察文物不但可以从图上的主要人物入手，还可以从图上的文字侧面了解文物背后的故事。

（二）新授

引导：课前，老师请大家搜集了一些关于岳飞的小故事，哪位同学能跟大家分享一下？

预设：学生自主交流，如：我知道岳母在岳飞的背上刺下"精忠报国"四个大字的故事。

引导：岳母为什么会在岳飞的背上刺下这四个大字呢？请同学们拿出学习单，解决这个问题。

预设："精忠报国"正是母亲对儿子的希望，希望在国难当头的时刻，儿子到前线杀敌，报效祖国。当时的政局不稳，宋朝周边有夏、辽等国家虎视眈眈。岳母希望自己的儿子忠于国家，不要投敌叛国。

小结：同学们说得非常有道理。1127年，北宋灭亡，赵构建立南宋政权，开始与金长期对峙。这一时期被称为宋史上的中兴时期。

【设计意图】学生可以从字面意义来理解，也可以从自己阅读的材料中提取有用信息后直接读出原因。不管从哪个角度来谈，学生只要能理解这是由于北方的金人南侵，宋朝当权者腐败无能，军队节节败退，国家处在生死存亡的关头，岳飞的母亲希望自己的儿子到前线杀敌、精忠报国就可以了。

引导：了解了这个历史背景后，让我们回过头来再看岳飞。在国家生死存亡的关头，岳飞是怎样做的？你能结合你所查找的岳飞抗金的故事给大家讲一讲吗？

预设：岳飞勇猛善战，建立起一支纪律严明、作战勇猛的抗金军队——岳家军。郾城大战中，岳飞充分展示了自己的战争智慧，指挥儿子岳云等率军应战，布置了让将士下马手持刀斧冲入敌阵上砍骑兵下砍马腿的战术。

引导：同学们，从你们讲的这些故事中，我们看到了一个怎样的岳飞呢？

预设：看到了一个英勇善战的岳飞，看到了一个机智过人的岳飞，看到了一个治军严明的岳飞。

引导：就是这样一个让我们敬佩的人，最终的结果又是怎样的呢？

预设：被冠以莫须有的罪名，含冤而死。

出示图片：秦桧铁跪像

引导：为什么会是这样的结果呢？它的背后又有什么故事呢？请同学们在小组里交流一下。

预设：这个人是秦桧，他是一个奸臣。皇帝赵构怕岳飞打败金兵后接回原先的皇帝，而自己的王位就不保了，因此和奸臣秦桧连发十二道金牌，命令岳飞退兵，不要再战了。岳飞坚决反对议和，主张抗争到底，使秦桧对岳飞怀恨在心。

小结：同学们说得不错。正像你们所说，赵构担心自己的帝位不保，秦桧怕被别人发现自己叛国，于是有了停战议和，有了这十二道金牌令，有了岳飞因"莫须有"的罪名含冤而死的结局。现在，你们明白秦桧为什么跪着了吧。抗金英雄岳飞，即使在死的那一刻，也谨记母亲的教诲，没有忘记"精忠报国"这四个字。所以，从这点上我们再次印证了岳飞是一个精忠报国的人。

【设计意图】在讲故事中训练学生的口语表达能力，以及从多角度了解人物、评价人物的能力，同时培养了学生的有序思维。

（三）总结拓展

拓展：请同学们课后搜集有关岳飞的爱国诗词，下节课我们一起来学习。

第二课时

（一）导入

过渡：上节课，我们在故事分享中认识了岳飞这个人。他遭遇奸臣的迫害，有满腔的热情与抱负却无法施展。岳飞的这种情怀在他的诗词中我们也能感受到。让我们走近文物，去聆听岳飞的声音吧。

（二）新授

出示图片："还我河山"匾额

引导：大家看，这是杭州岳王庙中的岳飞像。岳飞像上方高悬着匾额，"还我河山"四个大字就表达了岳飞的抱负。快来读一读《满江红》，从中感受一下那时岳飞的情怀吧！

预设：学生诵读《满江红》。

引导：同学们，你们读懂这首词的意思了吗？能试着借助注释说说吗？

参考译文：

我愤怒得头发竖了起来，帽子被顶飞了。独自登高凭栏远眺，骤急的风雨刚刚停歇。抬头远望天空，禁不住仰天长啸，一片报国之情充满心怀。三十多年来虽已建立一些功名，但如同尘土微不足道，南北转战八千里，经过多少风云人生。好男儿，要抓紧时间为国建功立业，不要空空将青春消磨，等年老时徒自悲切。靖康之变的耻辱，至今仍然没有被雪洗。作为国家臣子的我的满怀愤恨，不知何时才能消灭！我要驾着战车向贺兰山进攻，将贺兰山踏为平地。我满怀壮志，打仗饿了就吃敌人的肉，渴了就喝敌人的血。待我重新收复旧日山河，再带着捷报向国家报告胜利的消息。

预设：学生借助书下注释了解这首词的大意。

【设计意图】在诵读诗歌中继续了解岳飞这个人物，使他的形象在学生的心中丰满起来。同时，诵读诗歌、了解词义，扩充学生的课外积累。

出示资料："把吴钩看了，栏杆拍遍，无人会，登临意。"

引导：《满江红》表达了岳飞对祖国的忠贞不屈。其实，很多的英雄都借助诗词表达自己对国家的忠贞。看，南宋豪放派词人辛弃疾在《水龙吟·登建康赏心亭》中写了这样一句话，同学们都来读一读。

预设：学生齐读。

引导：辛弃疾直接抒发了自己的爱国情怀。自古以来，爱国英雄层出不穷。你能说说吗？

预设：有舍身炸碉堡的董存瑞，有放牛娃王二小，有刘胡兰。

小结：是呀，那就让我们带着这份对国家的热爱，诵读我们查找到的爱国诗词吧！同学们先在小组里进行展示，然后组内推荐，在班内进行诵读。

【设计意图】借助诗词联系古今，进一步理解英雄人物的忠贞爱国，为下面讨论自己该怎样爱国做好铺垫。

（三）总结拓展

引导：同学们，在诵读中，我感受到你们对祖国的深深热爱。我们还可以做些什么来表达自己深深的爱国之情呢？

预设：我们可以用自己的实际行动证明。比如：每人都能捡起地上一张纸，我们的祖国会越来越漂亮。在升旗仪式上高唱国歌，表达对国旗的尊重，尊重国旗就是对国家的热爱。

引导：红领巾是国旗的一角，我们对红领巾的爱护也是对国家的热爱。我们应该怎样正确佩戴红领巾？请你写一写，有兴趣的同学还可以画一画。

预设：学生代表演示红领巾的佩戴方法。

总结：让我们从点滴小事做起，学习英雄人物做人做事的行为准则，学习他们对国家的忠贞！

【设计意图】阅古识今，学以致用。从文物中学生了解了历史人物的品行，从小学习并践行他们爱国守则的品行。学生在读、说、写、画中学会交流、学会表达，同时训练了思维。

十一、拓展推荐

利用互联网，了解遵守则、爱国家的英雄

活动目的：通过本章的学习，学生了解了与英雄有关的文物，明白了这些文物所承载的爱国精神。课后学生可以利用互联网再次了解与文物有关的人物的故事，可以是本章中介绍的，也可以是本章中没有提到的。在拓展学习的过程中，学生可以开阔视野，加深理解，践行爱国主义。

活动材料：电脑、纸、笔等。

活动方法：

（1）学生根据自己的兴趣，在互联网上寻找自己感兴趣的爱国英雄的故事、名言、影视剧、图画等，拓展学习爱国英雄遵守则、爱国家的品行。

（2）学习完毕，把自己感悟深的地方记录下来。整理学习记录，可用小报、人物专访等形式呈现。

执笔人：刘丹

第十五章　论语导行

一、课程概述

本章教学借助《论语》（明刊本）这件文物，帮助学生理解规则与行为之间的关系，使学生在学习的过程中，加深对中华传统文化中儒家思想的了解。

"国宝档案"中对"百家争鸣"的介绍使学生了解了春秋时代各学派纷纷著书立说，发表自己的政治主张，在这些学派中就有儒家学派。儒家经典《论语》中主要体现了"仁"和"礼"的思想，"仁"是个人应该遵守的伦理道德，"礼"则是君主与臣民应该共同遵守的社会准则，是体现"仁"的一套行为规范。"历史足迹"介绍孔子本人和他的学派，主要是帮助学生了解儒家思想的内涵。"文物聚焦"环节的设置也是帮助学生加深对知识的理解。最后的"阅古识今"让我们意识到我们一方面要缅怀先圣，另一方面要用儒家思想精华指导我们的言行，做一个德才兼备的君子。

二、适用对象

四年级学生

三、教学方法

讲授法、案例教学法、探讨法、情境教学法、体验学习教学法。

四、目标维度

1.了解《论语》的创作背景、内容及影响，体会《论语》中说到的规则与行为的关系，感受儒家思想对中外文化的影响。

2.通过感受《论语》的魅力，激发学生对中国古代文化经典的兴趣和学习热情。

3.通过学习，完善自身的行为，培养学生的人生理想。

五、重点难点

教学重点：《论语》中的主要思想内涵与行为规则的关系。

教学难点：引导学生把学与行结合起来。

六、前期准备

教师准备：课件、教材、学习单及其他补充资料。

学生准备：查找关于儒家思想、百家争鸣、《论语》以及孔子、孟子的资料。

七、课时安排

2课时

八、关联课程

语文　　　　　三年级《孔子拜师》

品德与社会　　五年级《春秋战国时期的思想家》

九、流程导图

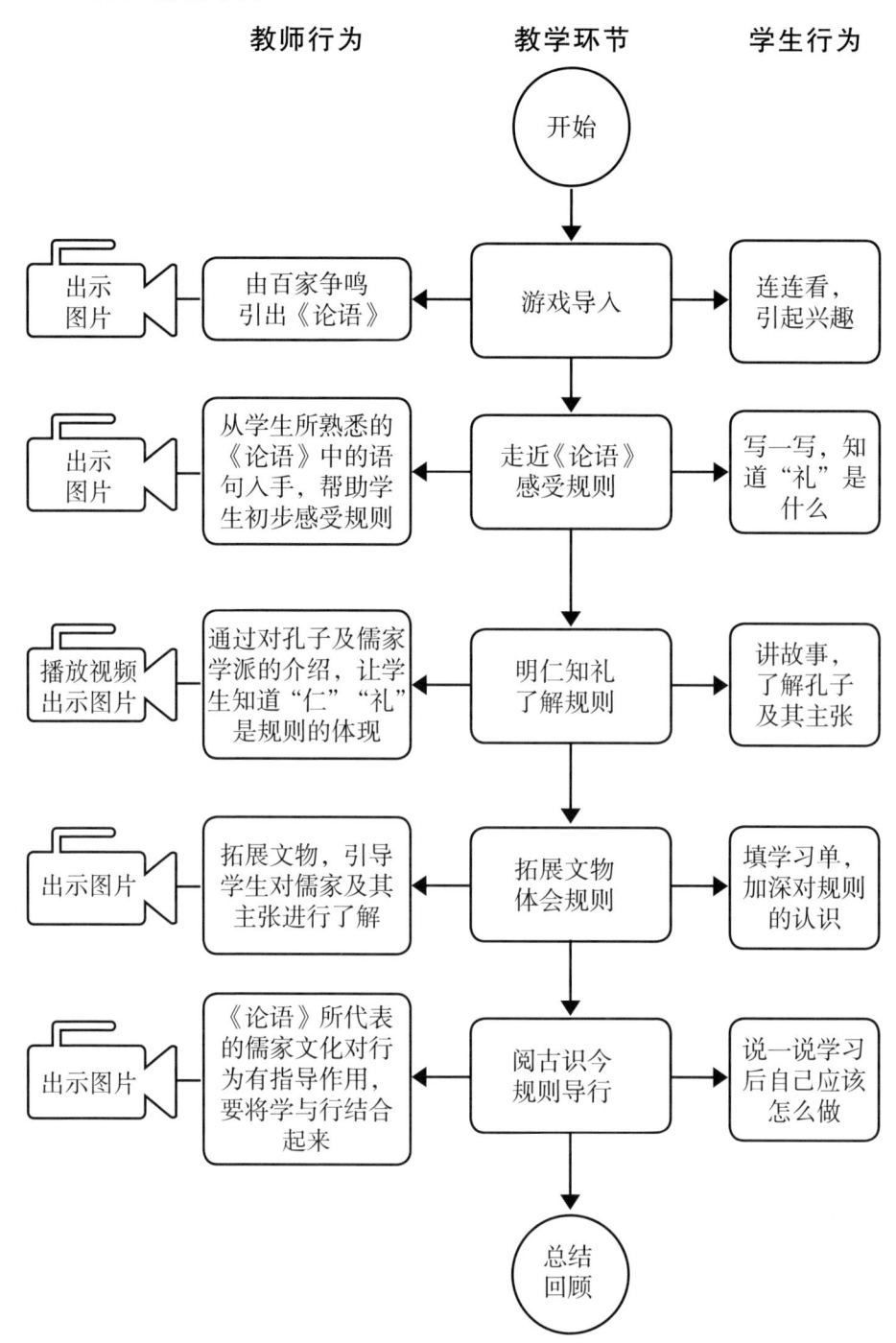

教师行为	教学环节	学生行为
出示图片 ← 由百家争鸣引出《论语》	开始 → 游戏导入	连连看，引起兴趣
出示图片 ← 从学生所熟悉的《论语》中的语句入手，帮助学生初步感受规则	走近《论语》感受规则	写一写，知道"礼"是什么
播放视频 出示图片 ← 通过对孔子及儒家学派的介绍，让学生知道"仁""礼"是规则的体现	明仁知礼 了解规则	讲故事，了解孔子及其主张
出示图片 ← 拓展文物，引导学生对儒家及其主张进行了解	拓展文物 体会规则	填学习单，加深对规则的认识
出示图片 ← 《论语》所代表的儒家文化对行为有指导作用，要将学与行结合起来	阅古识今 规则导行	说一说学习后自己应该怎么做
	总结回顾	

写给孩子的传统文化　博悟之旅　教师指导用书　规则

十、实践教学

第一课时

（一）导入

引导：同学们，我们先来做个游戏——连连看。下面这些格言出自不同的著作，请你连一连，把它们送回家吧。（在公布答案后，可让学生说说是否知道这几句话是什么意思。）

预设：学生完成连线游戏。

【设计意图】由游戏引入，引起学生的兴趣。

引导：春秋战国时期，随着社会发展的急剧变化，思想领域也异常活跃，出现了代表不同阶级、阶层的众多学派。各学派纷纷著书立说，发表自己的政治主张，于是出现了后世十分少见的"百家争鸣"的局面。你听说过"百家争鸣"吗？

预设：学生可以根据课前收集的资料进行回答。

过渡：这些学派主要有儒家、墨家、法家、道家、名家、阴阳家、兵家等。各学派的学说著作对中国古代，甚至是现在的思想文化都有着深远的影响。其中，儒家经典《论语》可以算是一部文化内涵丰富、学术价值极高的著作。

【设计意图】由学生对"百家争鸣"的了解，知道当时有许多学派、大家，知道当时的思想领域特别活跃，引出本章主要文物——《论语》。

（二）新授

引导：在我国，人们把到山东曲阜去看孔庙叫作"朝圣"，这是为什么呢？说说你的理解。

预设：因为孔子在人们心目中是神圣而伟大的。

引导：课前，老师布置了一个作业——请同学们搜集关于《论语》的知识。现在谁能把搜集到的知识给大家讲一讲？

预设：《论语》是由孔子的弟子和再传弟子整理而成的书籍。全书共20篇，主要记载了孔子及其弟子的言行，是了解和研究孔子思想的主要资料。

引导：大家听说过"温故而知新""知之为知之，不知为不知"这些语句吗？在日常的学习生活中老师、家长经常会这样教导我们。

这些句子告诉我们学习知识要经常复习，学习态度要实事求是。这主要是从学习的角度告诫我们要遵守什么样的行为准则，其实书中还有很多类似的语句。比如，在《论语·为政》中有这样一段话："吾十有五而志于学，三十而立，四十而不惑，五十而知天命，六十而耳顺，七十而从心所欲，不逾矩。"你能说说你的理解吗？

预设：学生填写学习单。

学习单形式参考：

我对原文的理解	我对引申含义的认识
孔子说："我十五岁就立志学习，三十岁就能够按照礼仪的要求立足于世，四十岁遇到事情不再感到困惑，五十岁就知道哪些是不能为人力所支配的事情而乐知天命，六十岁能听得进各种不同的意见，七十岁可以随心所欲（收放自如）却又不超出规矩的限制。"	随着年龄增长，人们的心智应逐渐成熟，有时我们做事会随心所欲，但是无论做什么都要有限度，不能超越规则。

（三）总结拓展

总结：《论语》更多地是教人应该怎样为人处世，实际上这就是儒家要体现的"仁"的思想。根据"仁"的要求，制定的一套规则，也就是"礼"了。

拓展：请同学们课后搜集一些关于孔子和《论语》的知识，从哪个角度入手都可以，下节课我们再来学习。

【设计意图】从学生所熟悉的《论语》中的语句入手，帮助学生初步感受规则。

第二课时

（一）导入

引导：《论语》一书是儒家的经典著作，广为流传，影响深远。

在上节课我们曾提到"儒家",那究竟什么是"儒家"呢?

预设:学生根据自己的理解回答。

小结:古时候人们把懂得很多知识的人称为"儒"。而儒家学派的创始人孔子就是一个特别有学问的人,他与他的弟子创立的学派就被称为"儒家"。

引导:请同学们把课前搜集到的有关孔子的资料与大家共享。

预设:学生就孔子的生平、思想核心、主张、与《论语》的关系等资料与大家分享。

小结:同学们说得都非常好。下面,由老师为大家介绍一下我们的至圣先师——孔子。(教师较为全面地对孔子进行介绍。)

生平:孔子,名丘,字仲尼,春秋末年鲁国人。他是中国古代伟大的思想家、教育家,曾开办学校,传授知识,他的学生遍天下。孔子整理编定了《诗》《书》等古代文献,还修订了鲁国史官所记的《春秋》。

思想核心:孔子思想的核心是"仁"与"礼"。"仁"是个人应该遵守的伦理道德,即要求统治者能够体贴民情,爱惜民力,不要过度压迫剥削人民,以缓和社会的矛盾。

主张:孔子主张君主要以高尚的德行取信于民,反对严酷苛刻的政权管理和刑罚。"礼"则是君主与臣民应该共同遵守的社会准则,是体现"仁"的一套行为规范。在教育上,孔子注意"因材施教",主张要把学习和思考结合起来。

与《论语》的关系:孔子的学生和再传弟子把孔子对他们的教诲编成了一部书,这便是《论语》。

(二)新授

引导:孔子的学生多达三千人,他每到一处便会聚徒授课。关于孔子杏坛讲学的典故广为流传,请你了解一下这个典故并根据故事的内容给大家讲一讲孔子是如何给弟子们上课的。(参见学习单中的故事简介。)

预设:学生分享交流。

【设计意图】学生通过对孔子及其主张的了解，知道"仁""礼"是规则的体现。

引导：下面我们来看看与孔子及《论语》相关的一些文物。

出示图片：熹平石经

引导：这块大石头上的文字是刻在石碑上最早的官方儒家经典。工匠们从山上开采出大石块，打磨平整，再一笔一画地刻上字，工程非常浩大。为什么古人要把儒家的经典刻在石头上呢？

预设：学生小组讨论，参考自己课前找到的资料，填写学习单。

学习单形式参考：

> 为什么古人要把儒家的经典刻在石头上呢？
>
> 古代，在我国还没有发明纸张和印刷术之前，书很难保存、流传。到了东汉时期，石刻盛行，人们就把《诗》《书》《礼》《易》《春秋》及后人编写的《公羊传》和《论语》共七种经典全部刻在石头上，这些经典的文字都是当时著名的书法家蔡邕所写。这种"石头书"竖立在洛阳太学门外，以便全国的读书人都能把它作为正式读本，校正传抄中的错误。由于刻石可以以拓印来代替抄写，很多经典得以保存和流传，并且为后来的雕版印刷术的发明奠定了基础。

引导：我们现在的书都是通过统一排版并批量印刷出来的，但是古代印刷术还不够发达，古人学习用的书很多是一个字一个字抄出来的。那时的学生都要用毛笔一笔一画地抄写，即使寒冬腊月也是如此，今天的你对此有什么感受吗？

预设：古人的学习条件不好，可还是很刻苦，我们今天条件很好，更应努力学习。

出示图片：三体石经

引导：这是三国魏时期的"三体石经"。它为什么叫这个名字？它上面刻的内容是什么？请你把找到的信息抄录下来。

预设：学生填写学习单。

学习单形式参考：

> 它是用篆书、战国古书、隶书三种字体书写的，篆书是指秦代通行的小篆，战国古书是指先秦古经中的字体，隶书则是当时流行的字体，这些碑石也因此被称为"三体石经"。
>
> 上面刻写的是《尚书》《春秋》两部经典，还有部分《左传》文字。

引导：你能试着从中找几个字，用不同的字体写一写吗？

预设：学生写一写，并互相比一比。

【设计意图】以前人们学习时没有课本，经常需要手抄、临摹、拓写，石刻碑文为大家提供了很好的范本，可以使经典更利于流传，也让学生体会这些石经就是规则的体现。

引导：人们在提到孔子时，经常把"孔孟"并称，你知道这里的"孟"指的是谁吗？他就是孔子思想的继承者——孟子,他著有《孟子》一书。你对他有哪些了解？把你搜集到的有关他的信息讲给大家听一听。

预设：学生分享有关孟子的知识。

照片	生平简介	主要思想
	孟子（约公元前372—约公元前289），名轲，字子舆，邹（今山东邹城市）人，是战国时期伟大的思想家、政治家，儒家学派的代表人物，与孔子并称"孔孟"。	政治上，孟子主张法先王、行仁政；学说上，他推崇孔子，反对杨朱、墨翟。 他主张仁政，提出"民贵君轻"的民本思想，游历于齐、宋、滕、魏、鲁等诸国，效法孔子推行自己的政治主张，前后历时二十多年。但孟子的仁政学说被认为是"迂远而阔于事情"，没有得到施行。最后他退居讲学，和他的学生一起，"序《诗》《书》，述仲尼（即孔子）之意，作《孟子》七篇"。
我找到的与孟子相关的一些成语或典故： 孟母三迁 五十步笑百步 始作俑者 一曝十寒 仁者无敌 专心致志 ……		

引导：我们还可以把找到的这些名言警句做成小书签，下面就请大家做一做吧！

预设：学生动手制作关于孟子名言的小书签。

【设计意图】在知道了孔子后，为学生介绍孔子思想的继承者——孟子，让学生加深对儒家学派及其主张的了解。

（三）总结拓展

引导：在历史上除孟子外，还有许多人传承了孔子的儒家思想，现在孔子还被中外人士公认为大教育家。截至 2017 年 7 月，中国已在 140 个国家和地区建立了 511 所孔子学院。

预设：说明孔子及其学派对人们的行为产生的深远影响。

引导：所谓"半部《论语》治天下"，孔子去世后，很多朝代都会进行祭孔活动。中国也在 2006 年将祭孔大典列入第一批国家级非物质文化遗产名录。这些都是在告诉我们要缅怀先圣，更要以弘扬儒家思想指导我们的行为，做一个德才兼备的君子。

总结：《论语》带给我们更多行为上的准则，孔子作为中华文化的代表，受到中外人士广泛的认可。孔子为人师表，教育我们如何做人，受到大家的敬仰。在学校，老师教我们知识，作为一名小学生，我们该怎么做呢？（请学生说说自己的感受。）

【设计意图】由《论语》带给人们的规则谈到儒家文化对世界的影响，强调儒家思想对我们的言行有指导性，要把学与行结合起来。

十一、拓展推荐

1. 参观中国国家博物馆

活动目的：在博物馆中找到"熹平石经""三体石经"的残石，体会儒家思想的传承。

活动材料：文物"熹平石经""三体石经"的残石。

活动方法：先对要观看的文物有大致了解，然后再带着问题走进博物馆。参观时要着重看文物上记载的内容，并做好学习记录（可以用拍摄、现场绘画等形式，但要服从场馆人员的安排及馆内规定）。参观后要及时把学习成果归纳总结并形成研究结论。

2. 实地考察北京孔庙、山东曲阜孔庙、西安碑林博物馆

活动目的：通过对雕像、石刻、碑文等文物的深入研究，加强对儒家思想内涵的理解。

活动材料：博物馆文物。

活动方法：在孔庙参观学习，着重了解孔子及儒家思想等内容。在西安碑林博物馆，主要体会碑文、石刻、书法的相关知识。

十二、注意事项

1. 课前教师要针对上课地点做好充分准备

如果是在教室内上课，要提前准备好各种相关文字资料及多媒体资料，对学生可能会提出的问题做好预设。

如果是在博物馆上课或外出实地考察，要提前做好路线规划及参观预案，并且提前安排好学生在博物馆学习的内容。此外，还要注意对学生进行相关的礼仪教育，如遵守博物馆的相关规定，服从工作人员安排，不喧哗，不随意照相，等等。

2.引导学生做好课前准备

无论是在室内上课还是实地考察，都要对本课内容提前做好准备，比如上网搜集相关的资料，把资料下载、整理后带入课堂。

3.建议可加强对比与拓展学习

教师带学生参观孔庙时可以引导学生感受北京与山东两地孔庙的不同，还可以在参观北京孔庙时一同参观国子监，因为里面也有一些石碑可供观赏、学习。

执笔人：鲍彬

第十六章　衣冠礼乐

一、课程概述

本章介绍的核心文物是"凤纹金霞帔坠子"。霞帔坠子是中国古代服饰中的一种配饰，穿霞帔、戴坠子是有等级区别和要求的，从这些要求中体现了等级规则、礼仪规则、着装规则、配饰规则。"国宝档案"板块重点介绍了"霞帔"，霞帔作为一种礼服配饰，是中国古代服饰礼仪的重要组成部分之一，有着森严的等级之别，从中体现了规则之意。霞帔坠子一般是用金或玉等较重而又美观的材料制成的，可以使霞帔平展伏贴地垂于胸腹前。"历史足迹"板块介绍了霞帔的演变，使学生进一步感受规则意识深入人们生活的方方面面。循着历史足迹，"文物聚焦"板块介绍了"凤冠"——饰有九龙九凤的明孝端皇后凤冠，从这件文物中不难看出等级规则。在"阅古识今"板块，现代的西服领带等不同的职业装都体现了着装规则、礼仪规则。

二、适用对象

四年级学生

三、教学方法

问题探究法、合作学习教学法。

四、目标维度

1. 认识霞帔、霞帔坠子、凤冠这几件物品，感受规则在服饰、配饰中的重要性。

2. 在综合性学习中，初步了解霞帔坠子的演变过程。在动脑动手、动口动笔的过程中，综合运用语文、数学、品德与社会、劳动技术、美术等学科的知识。

3. 培养学生在生活中的规则意识。激励学生进一步走进博物馆进行拓展学习。

五、重点难点

教学重点：在认识文物的过程中，感受服饰、配饰的重要性，综合运用各学科知识进行实践性学习。

教学难点：通过服饰规则引导学生感受规则在生活中无处不在。

六、前期准备

教师准备：多媒体课件、橡皮泥等课堂教具。

学生准备：查找有关霞帔由来的传说及古代霞帔坠子的佩戴知识。

七、课时安排

1课时

八、关联课程

数学　　四年级《图形的运动（二）》

美术　　四年级《多样的小饰品》

九、流程导图

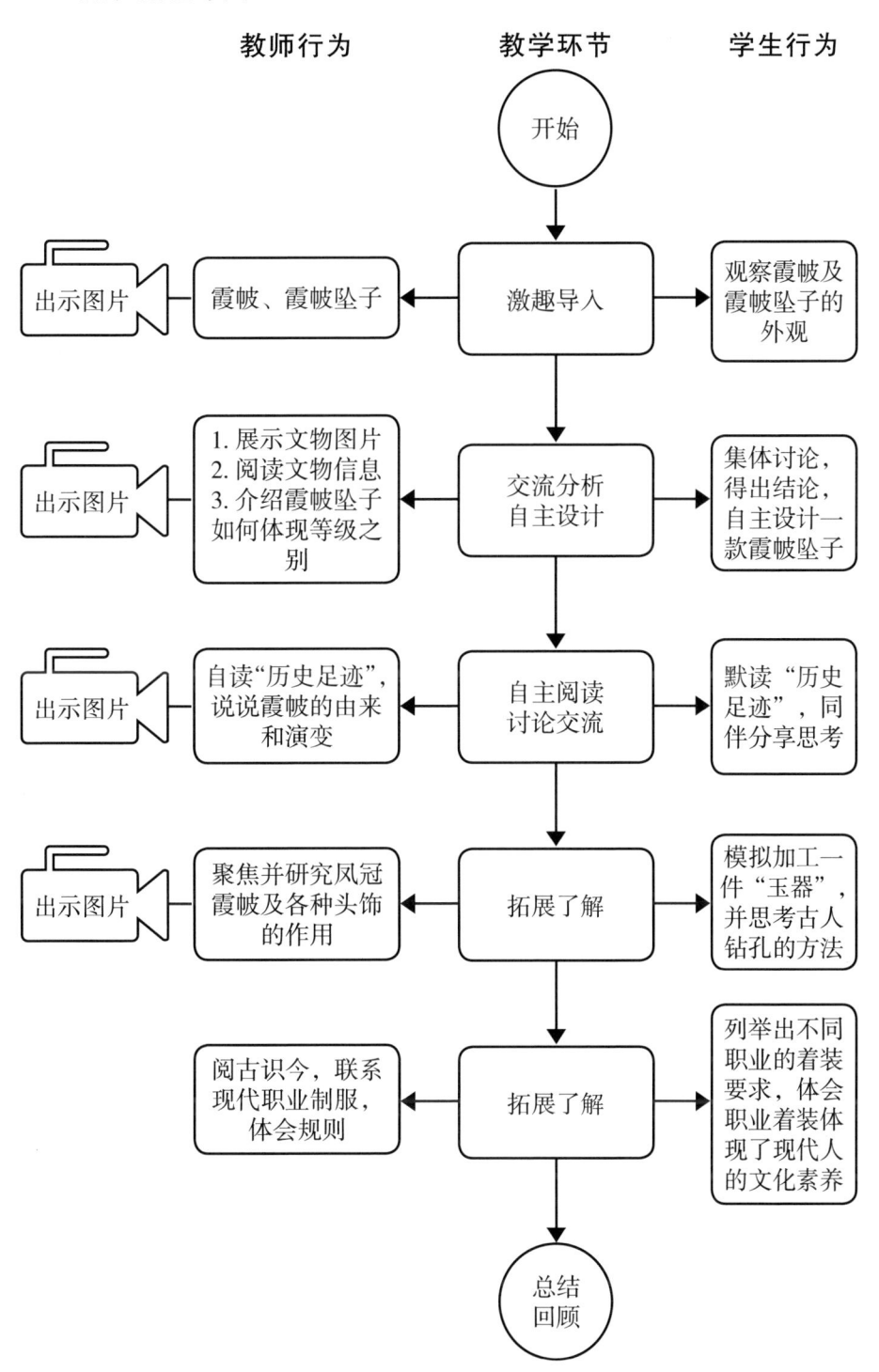

教师行为	教学环节	学生行为
出示图片 — 霞帔、霞帔坠子	开始 → 激趣导入	观察霞帔及霞帔坠子的外观
出示图片 — 1.展示文物图片 2.阅读文物信息 3.介绍霞帔坠子如何体现等级之别	交流分析 自主设计	集体讨论，得出结论，自主设计一款霞帔坠子
出示图片 — 自读"历史足迹"，说说霞帔的由来和演变	自主阅读 讨论交流	默读"历史足迹"，同伴分享思考
出示图片 — 聚焦并研究凤冠霞帔及各种头饰的作用	拓展了解	模拟加工一件"玉器"，并思考古人钻孔的方法
出示图片 — 阅古识今，联系现代职业制服，体会规则	拓展了解	列举出不同职业的着装要求，体会职业着装体现了现代人的文化素养
	总结回顾	

十、实践教学

（一）导入

出示图片：霞帔、霞帔坠子

引导：请大家观察这两幅图，你能找到霞帔和霞帔坠子吗？

预设：学生观看图片，欣赏文物并描述霞帔和霞帔坠子的外观。

（二）新授

1. 霞帔坠子，等级森严，初识规则

引导：霞帔是古代贵族女子的礼服配饰，类似现代的披肩，体现了古人在穿着服饰上的礼制，也是古人遵守规则的表现。霞帔是宋代以来贵妇的命服，颜色、纹饰随品级高低而有区别，类似百官的补服。霞帔是宫廷命妇的着装，平民女子只在出嫁和死后入棺时才可以穿着。现在，你了解霞帔是什么人穿戴的，它的等级是从哪里体现的了吗？

预设：霞帔是宫廷命妇的着装，什么人能穿戴、如何穿戴都有着森严的等级制度要求。

引导：霞帔坠子的材质有很多种，一般是用金或玉之类较重而又美观的材料制成的，可以使霞帔平展伏贴地垂于胸腹之前。从出土的系列文物来看，霞帔坠子的造型是非常精美、多样的。现在假设你是一名优秀的古代工匠，请你设计一款样式新颖、图案精美的霞帔坠子吧。

预设：学生亲自动手设计。

【设计意图】通过观看视频和自主学习，使学生知道霞帔作为一种礼服配饰，是中国古代服饰礼仪的重要组成部分之一，体现着森严的等级制度。让学生亲自设计一款图案美观的霞帔坠子，激发学生的学习兴趣。

2. 历史足迹，了解演变，感受规则

引导：你们知道霞帔的由来和演变吗？快快拿出你们搜集的资料，与同学一起分享吧。

出示资料：霞帔的出现

霞帔最早出现在南北朝，隋唐时期的霞帔类似一条长而轻薄的丝带，搭于肩上，更像现在的丝巾。妇女们在各种场合，如劳动、娱乐或出行时，都喜欢用其作为装饰。

出示图片：三彩釉陶女坐俑
引导：你能从三彩釉陶女坐俑这件文物中找到霞帔吗？
预设：学生指出霞帔的位置。
出示资料：宋代的霞帔

宋代开始，霞帔作为皇后、嫔妃们的礼服配饰登上了历史舞台。当时规定霞帔的颜色和图案随品级高低而不同，这一制度一直延续到明代。文献中记载"霞帔，妇人礼服也，明代九品以上之命妇皆用之"，说明这种服饰当时被官太太所垄断，而民间女子只有在出嫁和死后入棺时才可享受佩戴霞帔的殊荣。

引导：从以上的介绍中你能感受到霞帔背后的规则吗？
预设：霞帔的使用有着严格的等级制度要求。
出示资料：明清时期的霞帔

明代霞帔的形状宛如长长的彩色挂带，每条霞帔一般宽三寸二分，长五尺七寸，穿戴时绕过脖颈，披挂在胸前，下端垂有金或玉石质地的圆形帔坠作为装饰，也就是前面我们看到的霞帔坠子。

清代霞帔有了一些变化：帔身变宽，左右两幅合并；同时加上后片，脱离最初悬挂于颈的原貌，变得更像比甲；前胸后背两处缀有补子；底部不再有霞帔坠子，而改为流苏了。

引导：你从明清霞帔的变化中找到它们的规律了吗？
预设：霞帔形制的变化也遵循着一定的规律。
小结：从霞帔的演变历史和文献记载中我们都能深刻感受到规则无处不在，霞帔的颜色、图案、形状等方面都有森严的等级制度，不可僭越。

【设计意图】通过"历史足迹"板块的阅读，使学生了解霞帔的演变过程，进一步感受到等级制度、服饰礼仪，体会到规则在生活中无处不在。

3.聚焦文物，凤冠霞帔，再现规则

引导：同学们都看过京剧吗？《贵妃醉酒》选段中，杨贵妃的头饰大家注意过吗？

出示图片：明孝端皇后凤冠

引导：看到明孝端皇后凤冠，你产生了怎样的联想？这其中是否也暗含着规则？请你说一说。

预设：九的含义，龙凤的意义，等等。

小结：在我国，人们之所以把"九"看成"天数"和富有神奇色彩的数字，是因为"九"在中国古代起初是龙形（或蛇形）图腾化后的文字，继而演化出"神圣"之意，于是中国古代历代帝王为了表示自己神圣的权力为天赐神赋，便竭力把自己同"九"联系在一起，如天分九层而天子一年祭天九次等。更有趣的是连皇宫建筑都与"九"有关。例如，北京城有九门，天安门城楼面阔九间，门上饰有九路钉（即每扇门的门钉纵横各九排），等等。汉语词汇中也常用"九"来形容帝王将相，如称皇帝为"九五之尊"，称地位仅次于皇帝的王爷为"九千岁"等。所以，只有太后、皇后的凤冠上才可饰有九龙九凤，其他皇亲国戚、宫人大臣都按照品级严格穿戴相应服饰，不可僭越。

出示图片：玉发箍

引导：猜猜看，这件玉器佩戴在哪里？是做什么用的呢？

预设：腰上、头上、手上等等，象征身份。

引导：这件来自新石器时代的玉器也是一件配饰，据考古学家推测，它的主人社会地位可能很高。结合老师给出的信息，你再来猜猜它是佩戴在哪里的，有什么作用呢？

预设：学生回答，教师给出答案。（这件玉器是一个玉发箍，呈椭圆中空的筒状，顶部较大，作斜口形式，底部略小，口部平直。器壁较薄，口部边缘尤显锋利。它是当时的人们用来固定发式的发箍，使用时可将头发束在一起套在筒状的发箍内并挽成发髻，再将发箍戴在头上作为饰物，以此代表佩戴者的身份地位。）

引导：请你试着把橡皮泥当作一块玉石，动手加工一件"玉器"，并思考古人钻孔的方法。

预设：学生动手实践。

引导：古人的方法与你的方法一样吗？如果不一样，古人是用什么方法在玉器上打孔的？《诗经》中的"如切如磋，如琢如磨"有没有给你启发？

预设："如切如磋，如琢如磨"分别指对骨、象牙、玉、石四种不同材料的加工方法，引申为君子应该在做学问和修养品德方面不断钻研、精益求精。

小结：将天然玉石做成器物，首先要使用比它更加坚硬的物质（如金刚石）将它切割成需要的外形，然后在上面雕刻纹饰。玉器上的纹饰，有些是用较结实的麻绳沾水再加上粗砂粒在玉石上一点点磨制出来的。最后用细砂把它打磨光滑。钻孔也是用竹子这类较坚硬的材料沾湿加上砂粒，从玉石两端同时向中心对钻，慢慢就能钻通成孔了。

【设计意图】通过"凤冠""头饰"的引入，开阔学生的眼界，引导学生亲自动手操作，了解古代艺人制作器具的辛苦以及他们的聪明智慧。

（三）总结拓展

引导：随着社会的发展，人们的生活也在不断地演变，人们的着装习惯也发生了改变，特别是近现代受到西方文化的影响，人们的着装发生了很大的变化，但不曾改变的是着装要合乎礼仪的规则。比如，在正式场合，男士通常要穿西装，而且要打领带。还有一些着装规则已经成为某些行业的象征和标志。你还了解哪些职业着装的要求？请和全班同学一起交流。

预设：法官的制服一般为黑色，以显示庄重、威严；银行职员的制服一般选用深色，这会给客户以牢靠、可信赖的感觉；听音乐会或看芭蕾舞表演，则应按惯例着正装；空姐着制服，表示对旅客的尊重，配合制服一般还会戴丝巾，除了美观大方以外，还给封闭狭窄的机舱和枯燥沉闷的航行过程带去一些活泼生动的色调。

拓展：不同的职业装虽然不再体现森严的等级规则，但在不同场合中人们也要遵循一定的着装要求，体现出人们的文化素养。

【设计意图】让学生全方位了解现代社会的着装及配饰礼仪，从小培养他们的文明意识和规则意识。

十一、拓展推荐

走进中国国家博物馆

活动目的：通过本章的学习，学生了解了有关文物，明白了这些文物所承载的规则含义。引导学生走进中国国家博物馆，再次了解与霞帔坠子有关的文物，可以是本章中介绍的，也可以是本章中没有提到的，使他们在近距离观察、学习的过程中，加深理解，巩固认识，获取新知。

活动材料：纸、笔、相机等。

活动方法：

（1）活动前可上网了解博物馆中现藏的文物。

（2）到博物馆后，拍照记录自己找到的文物。

（3）看文物介绍，听讲解员讲解，自己细致观察，把自己的认识、感受记录下来。

（4）参观学习完毕，整理学习记录，可用手抄报、演示文稿等形式呈现。

（5）全班交流。

十二、注意事项

本章的教学设计是按照板块进行的，在实施过程中，以学生的自主、合作学习为主，教师的指导为辅。在讨论中，要注意引导学生互相补充，使班级成为一个学习共同体。如果有必要，也可以打破现有的板块，进行适当整合。

执笔人：朱文　容戎

第十七章　军纪严明

一、课程概述

本章的核心文物是一口米缸。这口米缸看似平常，但却是中国共产党领导的人民军队在生活条件极其艰苦的环境下讲规则、守纪律的见证。"国宝档案"板块重点讲述了这件现当代文物的来历，"历史足迹"中补充了井冈山革命根据地的创建背景，分析了环境艰苦的原因，使学生进一步感受到遵守纪律是中国共产党领导的人民军队最终战胜敌人、取得革命胜利最有力的武器。循着井冈山革命根据地这条线索，在"文物聚焦"板块又介绍了一件见证这段历史的文物——一罐食盐，使学生进一步了解当时的艰苦条件。同时，通过综合性学习，让学生进一步感知历史背景以及守纪遵规的重要性。在"阅古识今"板块，通过现代社会中一名小学生的行为，告知学生讲诚信会得到人们的尊重。

二、适用对象

四年级学生

三、教学方法

讲授法、问题探究法、合作学习教学法。

四、目标维度

1.认识一口米缸和一罐食盐这两件文物，在认识文物的过程中，通过对历史背景的了解，感受遵规守则的重要性。

2.在综合性学习中，初步了解中国共产党领导的人民军队的纪律性。在动脑动手、动口动笔的过程中，综合运用多学科的知识。

3.培养学生在生活中讲诚信、守规则的良好品格。激励学生进一步走进博物馆进行拓展学习。

五、重点难点

教学重点：认识一口米缸和一罐食盐这两件文物，在认识文物的过程中，通过介绍历史背景了解中国共产党领导的人民军队严明的纪律，感受遵规守则的重要性。

教学难点：在动脑动手、动口动笔的过程中，综合运用语文、劳动技术、品德与社会、科学等学科的知识。

六、前期准备

教师准备：多媒体课件，食盐、水、毛巾（或布）、锅、加热炉具等实验器材。

学生准备：课前查找有关井冈山革命根据地的资料及《三大纪律六项注意》的内容，观看经典电影《闪闪的红星》。

七、课时安排

2课时

八、关联课程

科学　　　　　　三年级《水能溶解一些物质》
品德与社会　　　五年级《救亡图存的探索》

九、流程导图

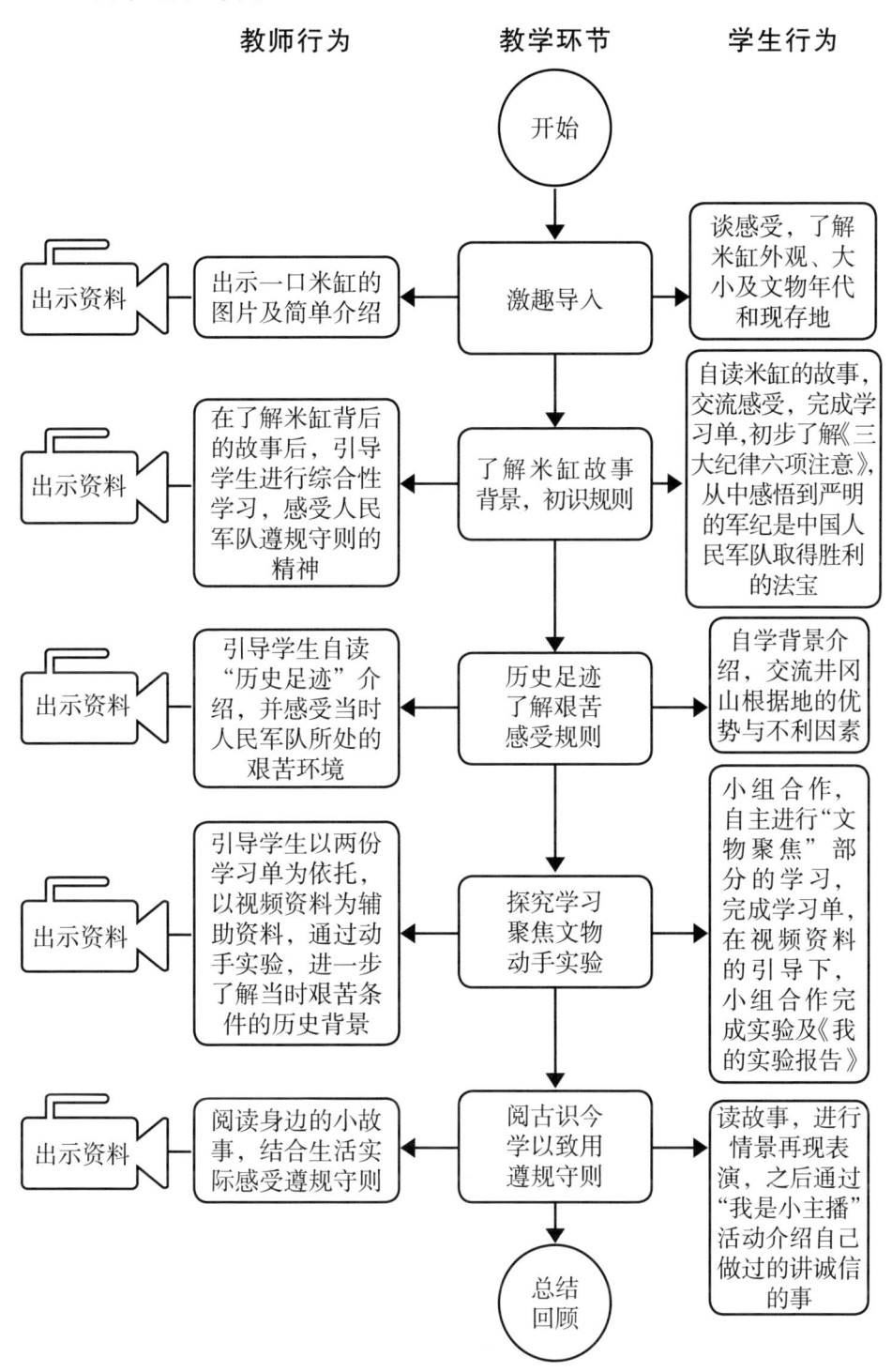

教师行为	教学环节	学生行为

开始

- 出示资料 → 出示一口米缸的图片及简单介绍 → **激趣导入** → 谈感受，了解米缸外观、大小及文物年代和现存地

- 出示资料 → 在了解米缸背后的故事后，引导学生进行综合性学习，感受人民军队遵规守则的精神 → **了解米缸故事背景，初识规则** → 自读米缸的故事，交流感受，完成学习单，初步了解《三大纪律六项注意》，从中感悟到严明的军纪是中国人民军队取得胜利的法宝

- 出示资料 → 引导学生自读"历史足迹"介绍，并感受当时人民军队所处的艰苦环境 → **历史足迹 了解艰苦 感受规则** → 自学背景介绍，交流井冈山根据地的优势与不利因素

- 出示资料 → 引导学生以两份学习单为依托，以视频资料为辅助资料，通过动手实验，进一步了解当时艰苦条件的历史背景 → **探究学习 聚焦文物 动手实验** → 小组合作，自主进行"文物聚焦"部分的学习，完成学习单，在视频资料的引导下，小组合作完成实验及《我的实验报告》

- 出示资料 → 阅读身边的小故事，结合生活实际感受遵规守则 → **阅古识今 学以致用 遵规守则** → 读故事，进行情景再现表演，之后通过"我是小主播"活动介绍自己做过的讲诚信的事

总结回顾

119

十、实践教学

第一课时

（一）导入

播放视频：关于文物"一口米缸"的视频

引导：同学们，看了这段视频，你有哪些认识？

预设：了解了米缸的外形及用途。这口米缸是现当代文物，存放在井冈山革命博物馆。

【设计意图】用文物图片激发学生的兴趣，从而快速进入主题，拉近历史、文物与学生之间的距离，调动课堂气氛。

（二）新授

1. 了解米缸的背景，初识规则

引导：请同学们读一读一口米缸的故事，之后讲一讲读完这个故事你有什么感受，并互相补充。

预设：人民军队不拿群众的东西，用了也会自觉偿还。

引导：读完米缸的故事，谈一谈你对规则有什么理解。

预设：士兵们按照部队的规定做，不随便拿群众的东西。做什么事都要遵照规定，不能想怎样就怎样。中国共产党领导的人民军队有非常严明的纪律，不随便拿百姓的物品。

引导：了解了米缸背后的故事，请同学们思考几个问题并开展小组交流：中国共产党领导的人民军队区别于其他军队的显著标志是什么？中国共产党领导的人民军队是一支怎样的部队？通过学习你又有了什么新的认识？理由是什么？

预设：中国共产党领导的人民军队是一支有组织守纪律的部队。通过学习我知道了，中国共产党领导的人民军队因为有严明的纪律，并且严格执行，以明确的规则意识密切了军民关系，从而获得了全国人民的真诚拥护和欢迎，这也是最终战胜敌人、取得胜利的法宝。

2. 初步了解《三大纪律六项注意》

出示资料：毛泽东向工农革命军部队颁布的《三大纪律六项注意》的具体内容

三大纪律：(1)行动听指挥；(2)不拿工人农民一点东西；(3)

打土豪要归公。

六项注意：(1)上门板；(2)捆铺草；(3)说话和气；(4)买卖公平；(5)借东西要还；(6)损坏东西要赔。

引导：读一读《三大纪律六项注意》，结合其中一条说说你了解的有关人民军队遵守纪律的小故事。

预设：学生根据自身知识积累发言。

小结：中国共产党领导的人民军队自建军之日起，就有明确的、统一的纪律，这是人民军队最终能够战胜敌人、取得革命胜利最有力的武器。

【设计意图】通过米缸的故事，使学生了解到人民军队遵守规则，了解《三大纪律六项注意》的具体要求。

3. 追寻历史足迹，了解环境的艰苦

引导：一口普通的米缸却是人民军队遵规守则的历史见证，那么你对这口米缸的历史背景有哪些了解？

出示资料：文物和地图

引导：请你自读一下米缸背后的故事，了解历史背景，说一说井冈山革命根据地的优势与不利因素各是什么。

预设：优势——井冈山地势险峻，易守难攻。不利因素——随着红军人数的增加，加上国民党军队的军事包围和经济封锁，根据地军民的生活极端艰苦，连最低限度的食品都难以获得。

（三）总结拓展

总结：井冈山虽然地势险峻，易守难攻，但随着红军人数的增加，加上国民党军队的军事包围和经济封锁，根据地军民的生活极端艰苦。所以一口普普通通的米缸，却能见证军规。

【设计意图】通过了解历史背景，了解当时人民军队面临的艰苦环境。

第二课时

（一）导入

过渡：同学们，上节课我们认识了一口米缸，了解了井冈山革命根据地的艰苦环境，初步感受到遵守规则的重要性。这节课我们再看一件文物，了解当时根据地的生活环境。

（二）新授

出示资料：一罐食盐文物图片及介绍

引导：请大家小组合作，完成关于文物"一罐食盐"的问题研究学习单。（教师相机指导。）

预设：小组汇报交流学习单的内容，人人参与，互相补充。

学习单参考答案：

关于文物"一罐食盐"的问题研究	［比较］ 正常情况下食盐的颜色和状态： 白色，小颗粒状态。 这罐食盐的颜色和状态： 食盐表面已结成灰黑色的晶体。
	［分析］ 这罐食盐变色及变态的原因： 红军将外出打土豪缴获来的一些食盐分发给根据地的民众度过艰难岁月，但百姓舍不得吃掉而保存到树洞里，时间久了造成变色和变态。
	［了解］ 当时根据地军民的生活状况： 敌人对井冈山革命根据地实行严密的经济封锁，造成根据地内军民生活物资奇缺，食盐断绝。

播放视频：电影《闪闪的红星》片段

引导：看过电影中的故事，请你说一说，潘冬子是怎样为红军送食盐的？

预设：把食盐用水溶化后，把盐水倒在棉衣上，穿着棉衣通过封锁线，到达根据地后再浸湿棉衣，把棉衣上的水用锅蒸发掉，食盐就析出来了。

引导：请大家小组合作，动手做一个实验，完成《我的实验报告》，人人都要参与哟！

预设：学生以小组为单位进行实验，并汇报是怎样完成实验的以及感受如何。

实验操作流程

实验器材：盐、毛巾、水盆、锅等。

实验步骤：

1.将盐倒在盛有水的盆里，将盐搅拌至完全溶解。

2.将盐水倒在毛巾上，再把毛巾晾干。

3.将毛巾放入空盆中，倒进清水后揉一揉、搓一搓毛巾，然后拧干。

4.将毛巾中拧出的水放到锅里，放到火上烧，一直烧开着，直到水分全部蒸发，锅中剩下白色颗粒。

感受：将食盐溶解变成盐水，不易被敌人发现，再通过蒸发盐水中水分的办法帮红军送盐。我的方法与潘冬子的接近，但冬子把盐水放在衣服上，更不容易引起敌人注意，更机智。

【设计意图】通过延展的文物"一罐食盐"，进一步了解当时的历史背景。通过学习小英雄机智送盐的故事和分组实验，加深对"历史足迹"的印象。

（三）总结拓展

引导：请你读一读"阅古识今"部分的小故事，你有怎样的思考呢？请大家在小组内讨论，并进行情景再现表演。

预设：学生自学并表演。

引导：请说一说看到留言后的想法，如果是你会这样做吗？为什么？

预设：我也会这样做，损坏东西要赔，就算车的主人不知道是我做的，我也要赔偿，因为要守规则讲诚信。

拓展：课后，请同学们开展一次"我是小主播"活动，介绍自己做过的讲诚信的事。

总结：通过本节课的学习，米缸里藏着的"秘密"你一定知道了，那就是守规则讲诚信。守规则讲诚信是中华民族的传统美德，守规则讲诚信既是尊重他人，也是尊重自己。

【设计意图】通过身边的小故事，结合生活实际感受遵规守则的重要性。

十一、拓展推荐

走进博物馆，了解人民军队

活动目的：通过本章的学习，学生了解了与中国人民解放军成立、发展相关的文物，明白了这些文物所承载的规则含义。课后可以引导学生走进中国国家博物馆，或通过网络参观井冈山革命博物馆，进一步了解中国共产党领导的人民军队遵规守则的历史及文物，可以是本章中介绍的，也可以是本章中没有提到的，在近距离观察、学习的过程中，加深理解，巩固认识，获取新知。

活动材料：纸、笔、相机等。

活动方法：

（1）活动前可上网了解，确定要去的展馆。

（2）到展馆后，拍照记录自己找到的文物。

（3）看文物介绍，听讲解员讲解，自己细致观察，把自己的认识、感受记录下来。

（4）参观学习完毕，整理学习记录，可用手抄报、演示文稿等形式呈现。

（5）全班交流。

十二、注意事项

本章教学围绕一口米缸和一罐食盐的故事、历史背景及动手实验等展开，涉及多个学科知识。教师可以以文物为载体，以历史背景为线索，引导学生进行多学科的综合性学习，在动脑思考、动手实验、表达运用的过程中提升综合素养。

执笔人：李红卫

第十八章　时代楷模

一、课程概述

本章教学以核心文物"张秉贵佩戴的'特级售货员'胸卡"为切入点，让学生了解劳模张秉贵的生平事迹及精神。学生将在初步了解劳模这一光荣称号的由来以及中华人民共和国成立以来优秀劳模代表的基础上，体会劳模精神对新中国建设的深远影响，感受规则意识代代相传的优良传统。

二、适用对象

四年级学生

三、教学方法

讲授法、多媒体辅助教学法、问题探究法。

四、目标维度

1. 认识核心文物"张秉贵佩戴的'特级售货员'胸卡"。通过学习，使学生了解劳模张秉贵的生平事迹及精神。

2. 在合作探究中了解劳模这一光荣称号的由来以及中华人民共和国成立以来优秀的劳模代表，培养学生通过阅读、观察、思考、讨论等途径发现并掌握相应知识的能力。

3. 体会劳模精神对新中国建设的深远影响，感受规则意识代代相传的优良传统。

五、重点难点

教学重点：认识核心文物"张秉贵佩戴的'特级售货员'胸卡"，了解劳模张秉贵的生平事迹及精神，了解劳模的历史以及优秀劳模代表。

教学难点：体会劳模精神对新中国建设的深远影响，感受规则意识代代相传的优良传统。

六、前期准备

教师准备：多媒体课件等教学用具。

学生准备：课前查找有关劳模的人物资料，参观张秉贵纪念馆，去张秉贵专柜购物。

七、课时安排

1课时

八、关联课程

科学　　　　　　五年级《杠杆》
品德与社会　　　三年级《大家庭中你我他》

九、流程导图

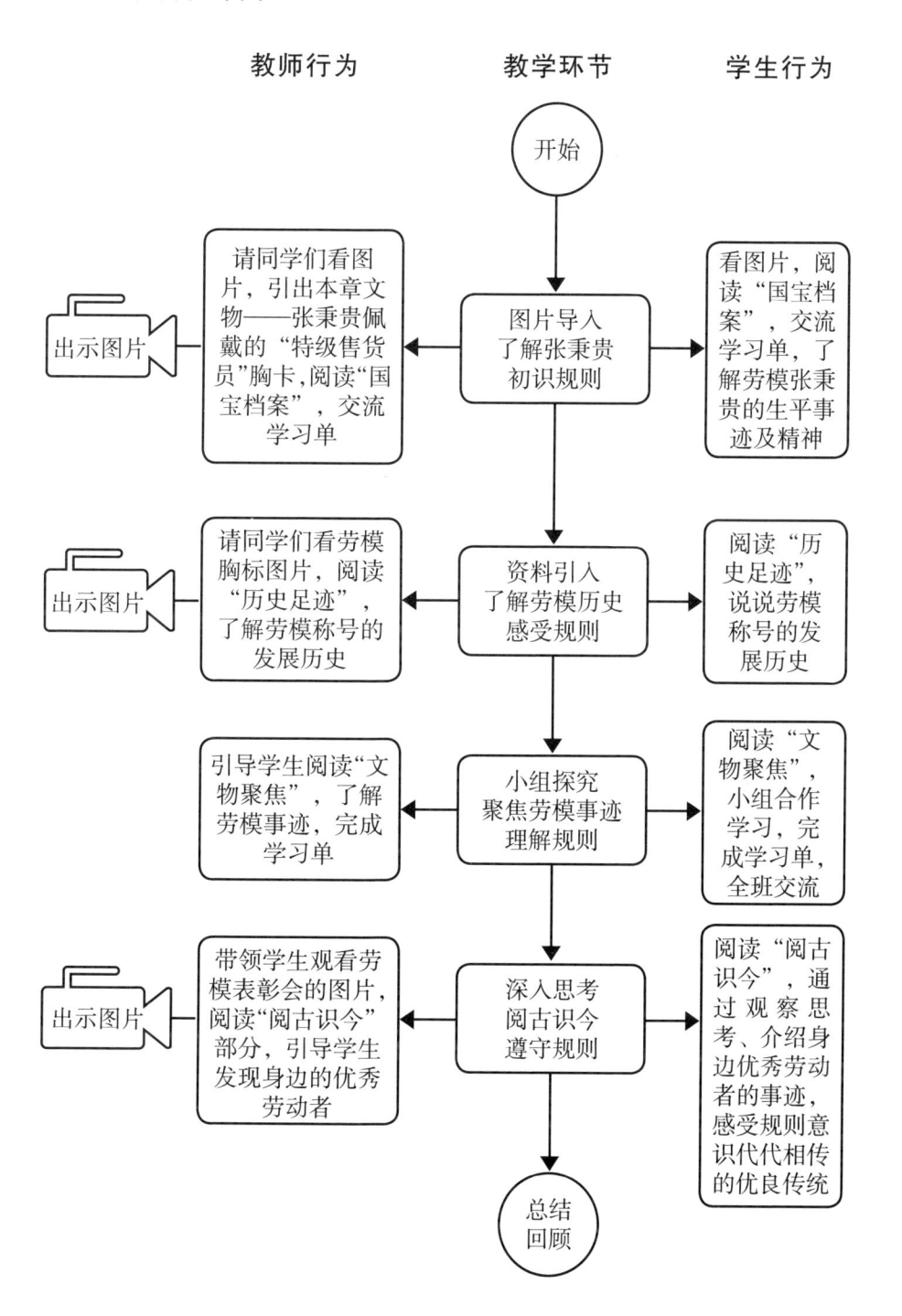

教师行为	教学环节	学生行为

开始

出示图片 ← 请同学们看图片，引出本章文物——张秉贵佩戴的"特级售货员"胸卡，阅读"国宝档案"，交流学习单 → 图片导入 了解张秉贵 初识规则 → 看图片，阅读"国宝档案"，交流学习单，了解劳模张秉贵的生平事迹及精神

出示图片 ← 请同学们看劳模胸标图片，阅读"历史足迹"，了解劳模称号的发展历史 → 资料引入 了解劳模历史 感受规则 → 阅读"历史足迹"，说说劳模称号的发展历史

引导学生阅读"文物聚焦"，了解劳模事迹，完成学习单 → 小组探究 聚焦劳模事迹 理解规则 → 阅读"文物聚焦"，小组合作学习，完成学习单，全班交流

出示图片 ← 带领学生观看劳模表彰会的图片，阅读"阅古识今"部分，引导学生发现身边的优秀劳动者 → 深入思考 阅古识今 遵守规则 → 阅读"阅古识今"，通过观察思考、介绍身边优秀劳动者的事迹，感受规则意识代代相传的优良传统

总结回顾

十、实践教学

（一）导入

出示图片：张秉贵佩戴的"特级售货员"胸卡

引导：同学们，看看这张图片。这是一张北京市百货大楼职工的工作证，照片上面带微笑的中年人就是张秉贵。1978年，他被北京市授予特级售货员称号，那年他60岁。

【设计意图】通过图片引出本章主要文物——张秉贵佩戴的"特级售货员"胸卡。缩短文物与学生之间的距离，激发学习兴趣，活跃课堂气氛。

（二）新授

1.了解劳模张秉贵，初识规则

出示图片：张秉贵工作时的照片

引导：同学们看，这是张秉贵工作时的照片，大家读读"国宝档案"部分内容，想一想张秉贵能够被评为特级售货员的原因。

预设：学生读"国宝档案"部分内容并思考。

引导：读完这部分内容，谁能说说张秉贵为什么能被评为特级售货员？

预设：学生自由发言。

引导：许多同学在课前还参观了王府井百货大楼一层的张秉贵纪念馆，并且到张秉贵专柜去购物，还做了记录，请同学们拿出学习单，说说这里的服务好在哪里。

预设：这里的售货员很热情，服务态度好，业务精通，等等。

引导：王府井百货大楼前矗立着一位普通售货员的塑像，那就是张秉贵同志，雕像的黑色花岗石基座上镌刻着陈云同志的题词：一团火精神光耀神州。当你了解了张秉贵同志的事迹后，你会怎样评价他呢？请你为张秉贵塑像配上一句评语。

预设：学生自由发挥。

小结：张秉贵同志以"为人民服务"的热忱，成为新中国商业战线上的一面旗帜。他的"一团火"精神，实际上就是一种信用、一种品牌，同时也是我们每个人都应遵守的一种职业道德标准。

【设计意图】引导学生通过观看图片、阅读文字资料，了解张秉贵同志的事迹及精神，感受张秉贵精神背后所蕴含的职业道德标准。

2.了解劳模历史，感受规则

出示图片：劳模胸标

引导：由于在工作上兢兢业业，张秉贵同志不仅被评为特级售货员，还被授予过"北京市劳动模范"和"全国劳动模范"称号。大家看，这是张秉贵同志佩戴过的"劳动模范"胸标。同学们，你们知道什么是劳动模范吗？劳动模范又是什么时候开始产生的呢？

预设：学生根据自己的理解回答。

小结：你们说得很有道理。劳动模范是各行各业的优秀代表，他们是民族的精英、国家的栋梁、人民的楷模。劳动模范的简称是劳模。请大家读读"历史足迹"部分，了解劳模的发展历史。

出示资料：劳模发展历史资料

【设计意图】通过引入资料，使学生明确劳动模范的含义，了解劳动模范的发展历史，体会劳模精神，感受规则的传承。

3.小组探究，聚焦劳模事迹，理解规则

引导：你还知道哪些劳模呢？能用一两句话简单介绍一下他们的事迹吗？

预设：学生根据知识积累回答。

引导：你们知道得真不少。中华人民共和国成立至今，涌现出无数的劳模。他们的名字，人们耳熟能详；他们的事迹，人们津津乐道。在中国国家博物馆，就收藏着不少劳模使用过的物品，大家一起了解一下吧。

预设：学生通过小组分工合作，学习"文物聚焦"部分内容，了解劳模事迹，完成学习单。（教师相机指导。）

引导：大家了解得怎么样了？哪个小组来说说？

预设：小组汇报，介绍时传祥、袁隆平、邓稼先捐赠给中国国家博物馆的文物及三位劳模的简要事迹，其他小组可以进行补充。

小结："宁愿一人脏，换来万人净"的掏粪工人时传祥以"搞好环境卫生，美化人民首都"为己任；"世界杂交水稻之父"袁隆平不仅解决了中国十三亿人的吃饭问题，更为人类战胜饥饿带来希望和收获;"两弹元勋"邓稼先对中国核科学事业做出了伟大贡献,把中国国防自卫武器引领到了世界先进水平。其实,不仅是这三位劳动模范,在共和国的光辉历史上,各条战线涌现出成千上万的先进模范人物。像刚才同学们提到的用身体制服井喷的石油工人——"铁人"王进喜,真诚、热情地为乘客服务的公交售票员李素丽,等等。他们的工作与我们的生活息息相关,他们始终走在祖国建设的最前线,以忘我的奉献精神、诚信的态度,激励着一代又一代劳动者为祖国的繁荣富强而拼搏。他们是当之无愧的时代领跑者。

【设计意图】引导学生通过观看图片、阅读文字资料,了解劳模的事迹及反映的精神。以小组合作、探究的学习方式,以学习单为依托,进行综合性学习。在组内互动、组间互动中使班级成为学习共同体,互为补充,共同提高。

(三)总结拓展

引导:同学们,这几张照片记录的是2015年4月28日在人民大会堂隆重举行的庆祝"五一"国际劳动节暨表彰全国劳动模范和先进工作者大会的场面。读读"阅古识今"中的这篇新闻报道,你有什么感想?

预设:学生根据自己的理解回答。

出示图片:劳模表彰会的照片

引导:看了这篇报道,同学们一定在思考:在如今这个时代,我们为什么还要大力宣传诚信劳动的观念呢?请结合生活实际谈一谈你的看法。

预设:小组讨论,全班交流。

小结:其实,不仅是劳模这一项荣誉称号,我们国家各行各业都设立了许多荣誉称号来褒奖各类优秀工作者,例如"先进工作者""杰出青年"等等。

引导:你的家人或亲朋好友中有没有这样努力工作的人?他获得过什么荣誉吗?

预设:学生根据生活实际回答。

小结:是呀,这些优秀的劳动者原来就在我们身边,他们在不同行业、不同领域努力工作,让我们的生活更加美好。

【设计意图】引导学生了解时事，结合生活实际深入思考，理解劳模精神，体会规则意识代代相传的优良传统。

总结：每一个时期的劳模都反映了不同的时代特点，但他们都奉行着相同的职业规范,那就是主人翁的责任感和艰苦创业的精神，忘我的劳动热情和无私奉献的精神，良好的职业道德和爱岗敬业的精神。相信他们所坚持的奉献精神、职业道德会代代相传！

十一、拓展推荐

寻找最美劳动者

活动目的：通过本章的学习，学生了解了与劳模有关的文物，明白了这些文物所承载的职业道德规范。课后可以让学生们拿起相机，去寻找身边的最美劳动者，在观察、拍摄的过程中，进一步感受劳动者的可贵精神，从而加深对规则意识的理解与认识。

活动材料：纸、笔、相机等。

活动方法：拿起相机，去寻找身边的最美劳动者，拍摄照片并记录自己的感受。有条件的同学，在观察、拍摄之后，还可以采访被拍摄者并做记录。拍摄完毕，整理照片及记录，可用小报、演示文稿等形式呈现，全班交流。

执笔人：蔡琳

第十九章　佩玉辨级

一、课程概述

本章的核心词是"规则"。玉佩在现代只是一种装饰品，但在古代它却是等级制度的象征，佩戴什么样式的玉佩、用玉的多少、玉佩的长短都有严格的规定，这本身就是规则的体现。

"国宝档案"重点介绍了一件西周中期的组玉佩。在对这件文物的介绍中初步引入玉背后的礼制文化，并且适时为学生补充玉璜的小知识。"历史足迹"引导学生体会玉器不仅具有审美价值，还被神圣化、人格化，象征着社会财富和权力，还成为礼制和道德情操的化身。"文物聚焦"中对玉梳背、玉珩、玉螳螂的学习让学生进一步了解到礼玉文化的深刻内涵，加深对规则的理解。最后在"阅古识今"中，我们看到现在玉变得更实用更有装饰功能，但它依然被当作美好物品的标志和君子风范的象征，被作为国礼使用。

二、适用对象

五年级学生

三、教学方法

讲授法、案例教学法、探讨法、情境教学法、体验学习教学法。

四、目标维度

1. 了解组玉佩的知识，让学生感受玉背后的礼制文化。

2. 感受玉器不仅具有审美价值，更被人格化，还象征着社会财富和权力，成为礼制和道德情操的化身。

3. 体会玉佩与规则之间的关系，明确用玉制度是规则的体现，培养学生正确的价值观。

五、重点难点

教学重点：使学生明白组玉佩是如何体现等级制度与社会规则的。

教学难点：引导学生理解古代的等级制度与玉之间的关系。

六、前期准备

教师准备：课件等教学用具。

学生准备：课前预习，查阅与本章相关的资料信息。

七、课时安排

2课时

八、关联课程

数学　　　　　四年级《图形的运动（二）》

美术　　　　　六年级《吉祥图案》

品德与社会　　五年级《哺育我们的"母亲河"》

九、流程导图

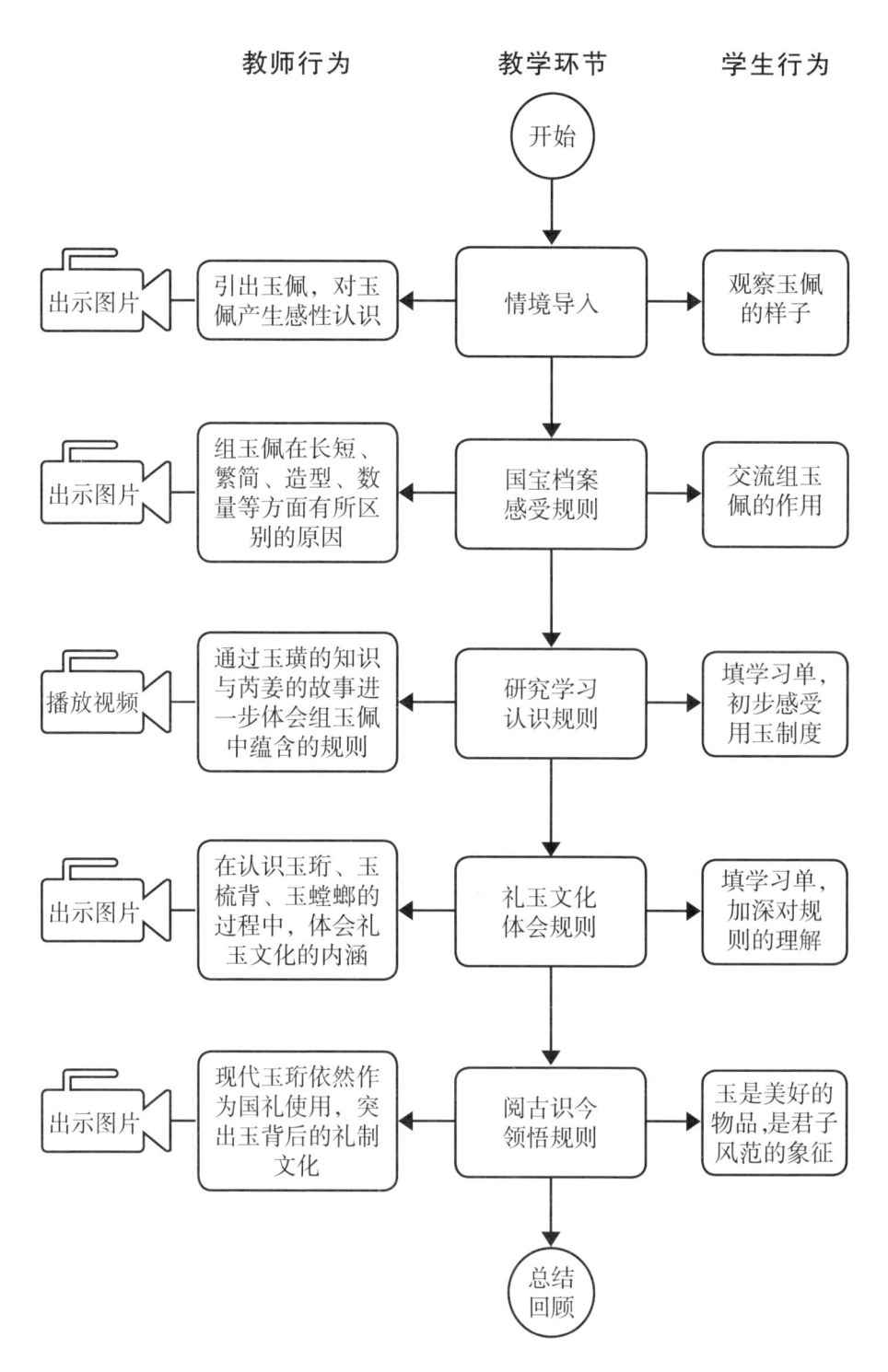

教师行为	教学环节	学生行为
	开始	
出示图片 → 引出玉佩，对玉佩产生感性认识	情境导入	观察玉佩的样子
出示图片 → 组玉佩在长短、繁简、造型、数量等方面有所区别的原因	国宝档案 感受规则	交流组玉佩的作用
播放视频 → 通过玉璜的知识与芮姜的故事进一步体会组玉佩中蕴含的规则	研究学习 认识规则	填学习单，初步感受用玉制度
出示图片 → 在认识玉珩、玉梳背、玉螳螂的过程中，体会礼玉文化的内涵	礼玉文化 体会规则	填学习单，加深对规则的理解
出示图片 → 现代玉珩依然作为国礼使用，突出玉背后的礼制文化	阅古识今 领悟规则	玉是美好的物品，是君子风范的象征
	总结回顾	

十、实践教学

第一课时

（一）导入

引导：同学们，你们见过玉佩吗？在哪儿见过？它是什么样子的？玉佩是古代君子必不可少的一种装饰品。古人说没有特殊原因，玉是不能离开身体的。我们今天要认识的组玉佩便是玉佩的一种。

出示图片：各种各样的玉佩

【设计意图】从一些图片入手，让学生对玉佩有感性认识。

（二）新授

引导：什么是组玉佩？请把你们课前找到的资料与大家分享。

预设：学生分享课前预习情况。

小结：组玉佩，又称玉杂佩，由两件或两件以上的玉器组合而成，《诗经》中就有将组玉佩作为礼物送给他人的记载。

引导：古代人们佩戴玉佩只是为了好看吗？它还有什么作用？你知道吗？

预设：学生小组交流。

小结：是的，在古代，组玉佩除了有装饰功能外，更多的是权势与地位的象征。西周是组玉佩发展的鼎盛时期，大量标准的组玉佩开始出现，它们的形状十分复杂，数量也很多，是此后历朝历代所不能及的。

出示图片：几件不同的组玉佩

引导：这些组玉佩为什么都不太一样？它们有的长，有的短；有的造型复杂，有的造型简单；有的数量少，有的数量多。这里面有什么秘密吗？让我们一起看一段视频。

播放视频：纪录片《国宝档案》之《七璜联珠组玉佩》

小结：组玉佩的连缀方式各有特色，从墓葬出土情况来看，墓主人的身份地位越高，所用饰件的数量就越多，造型和结构就越复杂，长度也越长，有的甚至可以与身体等长。随着其结构的复杂化和制度化，不论是佩戴方式还是长短，都有其象征意义。西周时期，社会礼制越来越完善，特别是在使用玉器方面，有着严格的制度。从玉璜的层数能看出佩戴者的身份和地位，即"天子九璜、诸侯七璜、大夫五璜"。那么什么是玉璜呢？

播放视频：玉璜相关纪录片

引导：考古人员曾在陕西省韩城梁带村的一座春秋大墓中发掘出一件七璜联珠组玉佩。能够拥有七璜联珠组玉佩的是什么人呢？下面请同学们观看视频《芮姜故事》，边看边填写学习单。

播放视频：《芮姜故事》

预设：学生观看视频并完成学习单。

学习单参考答案：

我的研究结果	
佩戴这件组玉佩的人是谁？	他为什么能够拥有如此精美的组玉佩？这背后的故事你能简要地记录并讲给大家听吗？
芮姜	芮姜原名仲姜，她的父亲是春秋时代姜姓诸侯国的一位国君。姜姓诸侯国有四个，分别是齐国、许国、申国和吕国。仲姜因嫁到芮国而改名芮姜，她的儿子芮伯万就是当时芮国的国君。因为看不惯儿子身为国君却整天不思进取、花天酒地，而且还宠信一些奸佞小人，芮姜一气之下把儿子赶出国，芮伯万只得暂住魏国。在芮伯万被他的母亲驱逐后的第二年，芮国又发生了一件大事，秦国听说芮国没有了国君，想往东发展，就派兵攻打芮国。在没有国君的情况下，谁领导芮国和秦国打仗而且把秦国打败？必然是芮姜了。她运筹帷幄，调兵遣将，合理安排，打败了秦国，创造了奇迹。

引导：通过学习研究，你对西周时期的组玉佩有了什么新的认识？

预设：组玉佩是等级地位的象征，通常可佩带于人的颈项、胸前、肩部或腰间……

引导：通过研究，请你也来试着设计一件组玉佩吧。

预设：学生动手设计。

【设计意图】在交流组玉佩长短、繁简不同的缘由后，通过观看视频，初步感受玉背后的礼制文化。通过研究性学习，让学生对组玉佩中蕴含的规则有了更进一步的认识。

（三）总结拓展

总结：周代王室贵族佩玉之风极为盛行，玉是贵族表示身份地位的配饰，如果越级使用会惹来杀身之祸。封建社会皇室家族、达官贵人才可以使用玉。今天我们打破了等级的观念，但是玉依然是中国人心中最贵重、最有价值的礼物。玉，成为礼制的载体，实际上就体现了一种规则性。

第二课时

（一）导入

引导：上节课，我们学习了玉的使用是有等级要求的，人们常说"谦谦君子，温润如玉"，玉在中国人的心中有着很深远的象征意义。古人认为玉具有仁、义、智、勇、洁等君子的优秀品质。西周时期，贵族们通常将组玉佩挂于颈部，从前胸一直垂到膝下，佩戴着这样的组玉佩走起路来，佩玉互相碰击发出铿锵之声。

播放视频：与步态相关的视频

小结：那时佩玉的人身份越高步伐越小、走得越慢，气度便越非凡，从而显现出佩戴者的身份和气度。同时，佩玉者在行走时倾听玉声，联想玉德，提醒自己恪守礼制。可见佩玉撞击并不是单纯为了悦耳，还起着提示作用，提醒佩玉者的行止必须从容适度。

过渡：除了这些地方体现了礼制，还有什么地方也带给我们类似的信息呢？由于战国时代社会的变革、生产力的发展和儒家赋予玉的各种道德文化内涵，当时的王公贵族都把佩玉作为时尚。那么古代还有哪些玉制品呢？让我们带着问题开始今天的学习。

（二）新授

出示图片：双龙首珩

引导：什么是玉珩呢？请用自己的话描述一下。

预设：玉珩是一种弧形片状玉器。它是成组佩饰中最重要的组件之一，因为玉珩的拱式造型可以承受较大的重力，所以起着平衡成套佩饰的作用。不同时代的玉珩，除了都有拱形的特征以外，形制、纹饰的变化都非常大。

出示图片：玉花卉纹梳背

引导：唐代玉器玉料精美，更注重装饰和实用功能，这件玉花卉纹梳背便是典型代表。"玉蝉金雀三层插，翠髻高丛绿鬓虚。舞处春风吹落地，归来别赐一头梳。"唐代诗人王建在《宫词》一诗中，形象地描绘了当时妇女发髻优美的造型和复杂的装饰。那么，诗中所说的"梳"指的是什么呢？快把你查到的资料分享给大家吧！

预设：这里的"梳"是指将一把以上的梳子别在头上，是当时流行的一种"组合梳"，主要突出的是装饰作用，有点儿像女孩子头上插的头花。

出示图片：白玉巧作螳螂佩

引导：这件清代乾隆年间的玉螳螂是当时琢玉工艺的代表作品。请你观察这件饰品的造型，特别要留意它眼睛部位的颜色与其他地方有什么不同。把观察的结果写在书上吧！

预设：同学们填写学习单

学习单参考答案：

> 玉佩的主体是一只螳螂，螳螂伏于花叶之间，伸臂蹬足，纤细的足臂之间采用镂空雕刻技法，工艺精湛。
>
> 螳螂的黑色眼珠瞪得鼓鼓的，真是呼之欲出，活灵活现。
>
> 螳螂眼睛的制作运用了一种名为"俏色"的特殊工艺。请你查一查什么是俏色工艺。
>
> 俏色也称巧色、巧作，俏色工艺一般指制作玉石器时将其天然的颜色纹理巧妙利用、合理搭配，它要求制作工匠利用玉石的天然色泽纹理，施以适合玉材的雕琢，创作出世间绝无仅有的天才之作。俏色是玉石工艺独有的一种表现形式，是玉石行业难度极高的绝活儿。

【设计意图】通过对玉珩、玉梳背、玉螳螂的学习，让学生进一步了解礼玉文化的深刻内涵，加深对规则的理解。

（三）总结拓展

引导：组玉佩是古代的产物，现在它的作用已经发生了变化，更加突出了实用及装饰作用。你能举例说明现代生活中在哪里会使用玉器吗？

预设：学生举例说说见过的玉器。

拓展1：2008年北京奥运会的奖牌可以说是一大创举。奖牌的创意来自龙纹玉璧，并且第一次创造性地将象征美德的玉嵌在金、银、铜的上面。这一做法充分阐释了中华民族以玉比德的价值观。

拓展2：1972年美国总统尼克松访华期间，毛泽东主席送给尼克松总统的礼物中有一件"和田白玉套活链带盖扁瓶"，现藏于美国国家博物馆。作为国礼，它以"玉"制作，是个瓶子的形状，用"活链"连接，整件玉器蕴含着深刻的寓意。

总结：玉，在古代就曾被作为馈赠、进献的珍贵礼物，在现代外交中它再次作为国礼进入历史长河，这些无不说明玉器在人们心中具有很高地位。

【设计意图】在现代，玉变得更实用及更有装饰功能，它依然被当作美好的标志和君子风范的象征，被作为国礼使用，突出玉代表的礼制文化。

十一、拓展推荐

1. 参观中国国家博物馆

活动目的：在博物馆中找到组玉佩、玉璜、玉珩、玉梳背、玉螳螂等文物，感受它们带给你的信息。

活动材料：博物馆相关文物。

活动方法：先对要观看的文物有大致了解，然后再带着问题走进博物馆。参观时要着重看文物上面记载的内容，并做好学习记录（可以采用拍摄、现场绘画等方式，但要服从场馆人员的安排及馆内规定）。参观后要及时归纳总结学习成果并形成研究结论。

2. 实地考察位于河南省三门峡市的虢国博物馆以及位于河南省

郑州市的河南博物院。

活动目的：通过对玉佩、玉璜、玉珩等文物的深入研究，加强对玉代表的礼制文化的理解。

活动材料：博物馆相关文物。

活动方法：在实地学习中，着重看与玉相关的展览，可以补充其他方面的知识，也可以与葬玉文化相结合。参观后要注意及时归纳总结学习成果并形成研究结论。

十二、注意事项

1. 课前教师要针对不同类型的课堂做好充分准备

如果是在教室内上课，要提前准备好各种相关文字资料及多媒体资料，对学生可能会提出的问题做好预设。

如果是在博物馆参观或外出实地考察，要提前做好路线规划及参观预案，并且提前安排好学生在博物馆学习的内容。此外，还要注意对学生进行相关的礼仪教育，如遵守博物馆的相关规定，服从工作人员安排，不喧哗，不随意照相，等等。

2. 引导学生做好课前准备

无论是在室内上课还是实地考察，都要对本课内容提前做好准备工作，比如上网搜集相关的资料，把资料下载、整理后带入课堂。

3. 建议可与其他内容整合

教师带学生参观玉文化展览时，一方面可以了解礼玉文化，另一方面还可以加入葬玉文化的内容，这样就能让学生对古代的用玉制度有整体的感知。

执笔人：鲍彬

第二十章　列鼎现制

一、课程概述

本章依托"王子午鼎"这一文物，让学生了解鼎及列鼎制度，从而表达"规则"这一核心词。

第一部分"国宝档案"介绍了王子午鼎的基本情况，包括铸造时间、历史背景、大小纹饰及出土时间等，让学生自主查询资料，深入了解"规则"在列鼎制度中的体现。第二部分"历史足迹"进一步介绍了鼎的作用及列鼎制度，让学生再次体会古代人民通过礼制对"规则"进行了明确定义。第三部分"文物聚焦"涉及青铜器的制作工艺、纹饰以及作用等内容。研究青铜器制造工艺及纹饰可让学生们了解古人的审美情趣。

二、适用对象

五年级学生

三、教学方法

讲授法、启发式教学法、情境教学法。

四、目标维度

1. 认识王子午鼎。

2. 学习古代列鼎制度，了解它在古代礼制中体现的规则。

3. 探究青铜器铸造工艺、纹饰、作用等方面的奥秘，体会古人的智慧。

五、重点难点

教学重点：了解古代列鼎制度。

教学难点：了解青铜器的铸造工艺、纹饰、作用等相关知识。

六、前期准备

教师准备：课件、相关图片等教学用具。

学生准备：课前查阅有关古代列鼎制度及青铜器的铸造工艺、纹饰、作用等方面的资料。

七、课时安排

2 课时

八、关联课程

美术　　　　　　六年级《吉祥图案》

品德与社会　　　五年级《青铜时代的辉煌》

九、流程导图

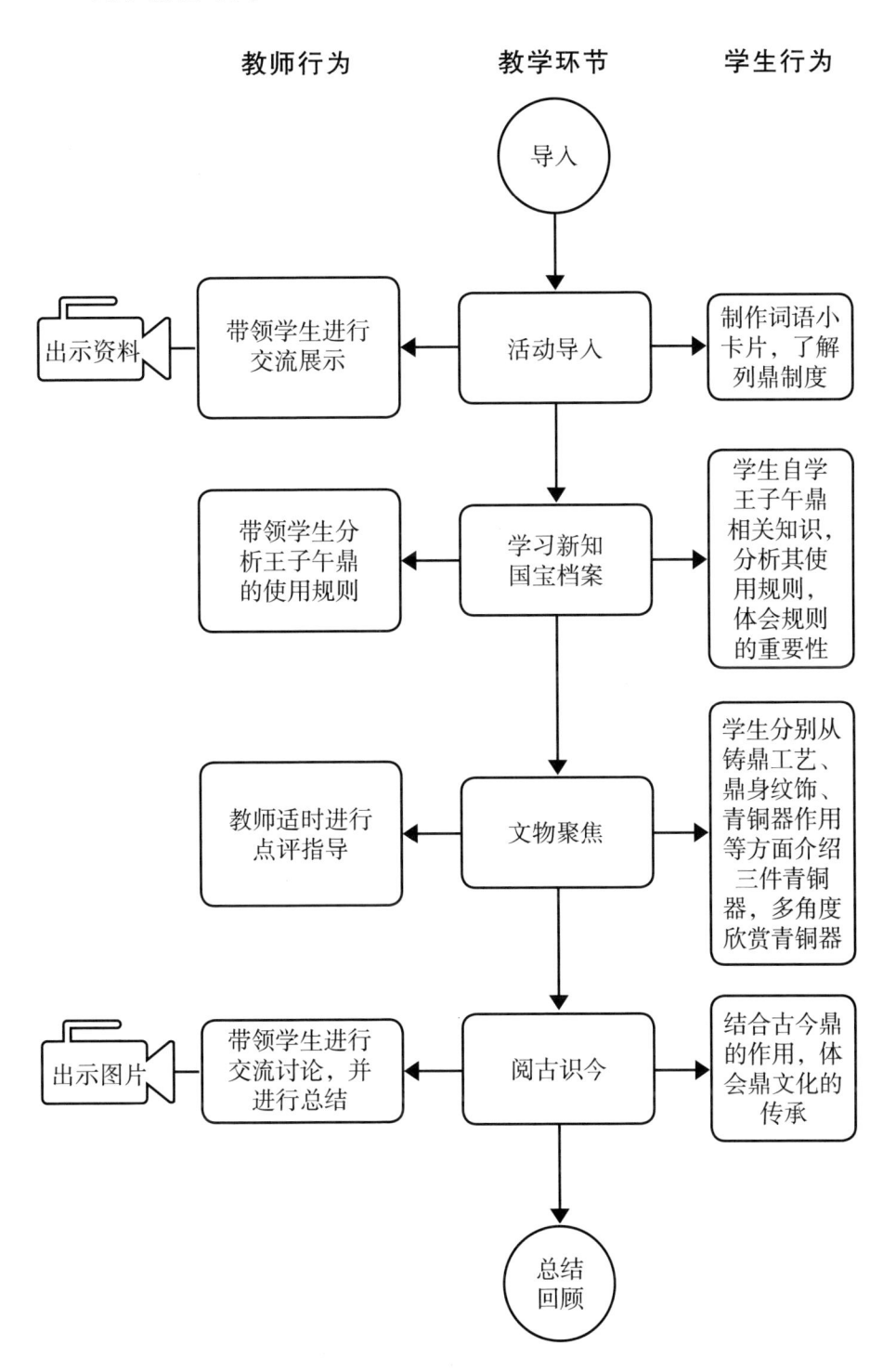

教师行为	教学环节	学生行为

（导入）

出示资料 → 带领学生进行交流展示 ← 活动导入 → 制作词语小卡片，了解列鼎制度

带领学生分析王子午鼎的使用规则 ← 学习新知国宝档案 → 学生自学王子午鼎相关知识，分析其使用规则，体会规则的重要性

教师适时进行点评指导 ← 文物聚焦 → 学生分别从铸鼎工艺、鼎身纹饰、青铜器作用等方面介绍三件青铜器，多角度欣赏青铜器

出示图片 → 带领学生进行交流讨论，并进行总结 ← 阅古识今 → 结合古今鼎的作用，体会鼎文化的传承

（总结回顾）

十、实践教学

第一课时

（一）导入

引导："鼎"常常出现在我们日常的用语中，你一定听说过，你能写出一些吗？这些词里"鼎"的含义是什么？这些词有什么典故吗？根据你的研究制作词语小卡片。

预设：学生独立完成，也可与小组成员共同完成。全班交流。

【设计意图】通过对词语的解读，了解不同时期鼎的作用及意义。

引导：课前老师布置了让大家了解列鼎制度的作业，请同学们分享自己的成果。

预设：学生通过小组合作，查阅资料，自学列鼎制度。

【设计意图】学习古代的列鼎制度，了解列鼎制度中的规则。

（二）新授

出示图片：王子午鼎

引导：对照刚才我们学习的列鼎制度，你能说说这件鼎的使用有什么问题吗？正确的使用应该是什么样的？这件鼎的使用不符合列鼎制度的规则，造成了什么样的后果？

预设：学生自学文物的基本信息，并回答教师提问。

小结：看来遵守规则是非常重要的，不遵守规则的行为会令小到个人、大到国家都受到不良影响。

【设计意图】通过对王子午鼎的使用规则的分析，深刻体会规则的重要性。

（三）总结拓展

拓展：请同学们预习"文物聚焦"部分，以小组为单位，从青铜器的制造工艺、纹饰、作用等方面任选一个或多个进行研究，并通过课件、简报、探究报告等形式呈现。

第二课时

（一）导入

引导：鼎是文明的见证，也是文化的载体，具有极高的艺术价值，体现了匠人们高超的技艺和审美情趣。上节课后，老师让你们以小组为单位，从青铜器的制造工艺、纹饰、作用等方面任选一个或几个进行研究，并通过课件、简报、探究报告等形式呈现。现在就请你们以小组为单位汇报吧。

预设：学生以"文物聚焦"中鼎的铸造工艺、纹饰、作用的顺序，分别介绍自己小组的研究成果，教师适时进行点评指导。

【设计意图】分别从铸鼎工艺、鼎身纹饰、青铜器作用等方面介绍三件青铜器，多角度欣赏青铜器，体会古人的智慧，产生民族自豪感。

（二）新授

出示实物：史家小学"和谐"教育实施二十年庆典的纪念鼎

引导：这是我们学校的一件青铜鼎，你们知道这件鼎是怎么来的吗？

预设：学生看鼎底座上的介绍，了解鼎的来历。

引导：请你们想一想，对方为什么在"和谐"教育实施二十年庆典这样的日子里，将这件鼎作为礼物送给学校？这其中有什么寓意呢？

预设：学生交流，教师指导学生了解古代鼎被视为传国重器，是国家和权力的象征，也被赋予"显赫""尊贵""盛大""春秋鼎盛"等引申意义。此外，列鼎还会作为礼物用于外交等场合。

（三）总结拓展

总结：鼎文化作为我国文化的一部分，将会一直传承下去。

【设计意图】结合青铜鼎在现在的作用，体会中华传统文化的传承。

十一、拓展推荐

参观位于河南洛阳的周王城天子驾六博物馆，寻找关于礼制规则的文物，进一步了解古代的列鼎制度、礼制规则。

执笔人：林琳

第二十一章　公平交易

一、课程概述

本章以秦代的一件衡器——大铁权作为切入点，核心词是"规则"。教学过程将以秦代度量衡为引领，带领学生走进历史，感受秦统一后，由于各项规则制度的明确，改变了以往商品交易的混乱局面，为人民生活带来了更多的便利。

二、适用对象

五年级学生

三、教学方法

多媒体辅助教学法、合作学习教学法、情境教学法。

四、目标维度

1. 了解"度""量""衡"的含义及用途，知道度量衡制度统一后对国家政治、经济、文化的发展起到的积极作用。
2. 了解我们身边传统的计量单位给人民生活带来的深远影响。
3. 树立处处有规则的意识，感悟生活中规则的体现和意义。

五、重点难点

教学重点：要挖掘文物背后的故事，使学生体会到规则对社会的影响。

教学难点：引导学生要遵守规则，感悟规则的重要性。

六、前期准备

教师准备：文物图片、历史故事、称量工具、被称量的物品等。

学生准备：课前预习，查阅与本章相关的资料信息。

七、课时安排

1课时

八、关联课程

数学　　　　　　二年级《长度单位》
品德与社会　　　五年级《祖国领土不可分割》

九、流程导图

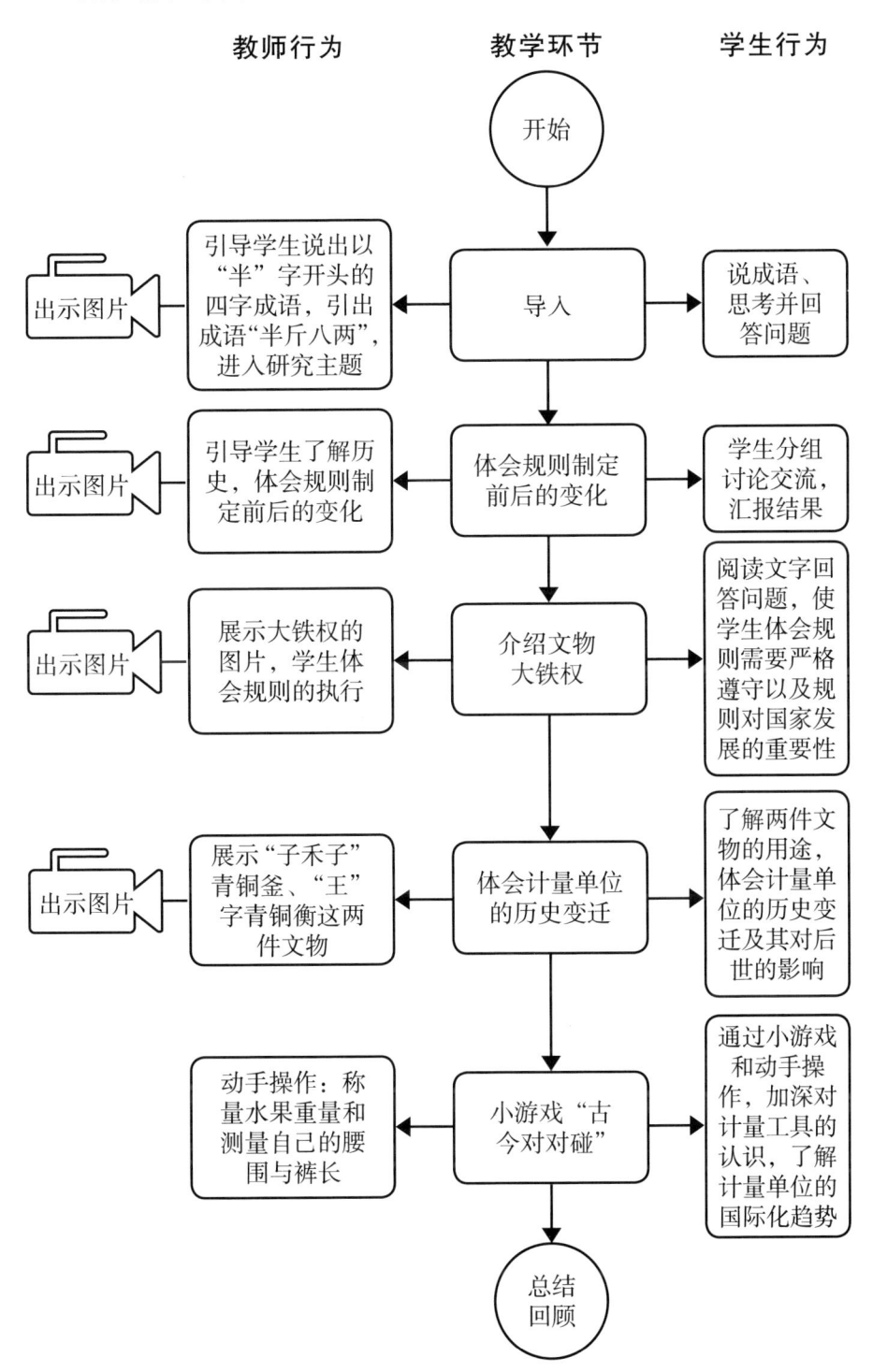

教师行为	教学环节	学生行为
出示图片 → 引导学生说出以"半"字开头的四字成语，引出成语"半斤八两"，进入研究主题	开始 ↓ 导入	说成语、思考并回答问题
出示图片 → 引导学生了解历史，体会规则制定前后的变化	↓ 体会规则制定前后的变化	学生分组讨论交流，汇报结果
出示图片 → 展示大铁权的图片，学生体会规则的执行	↓ 介绍文物大铁权	阅读文字回答问题，使学生体会规则需要严格遵守以及规则对国家发展的重要性
出示图片 → 展示"子禾子"青铜釜、"王"字青铜衡这两件文物	↓ 体会计量单位的历史变迁	了解两件文物的用途，体会计量单位的历史变迁及其对后世的影响
动手操作：称量水果重量和测量自己的腰围与裤长	↓ 小游戏"古今对对碰"	通过小游戏和动手操作，加深对计量工具的认识，了解计量单位的国际化趋势
	↓ 总结回顾	

十、实践教学

（一）导入

引导：四字成语大家都不陌生，下面我们来做个游戏吧，以"半"字开头的四字成语有哪些呢？同学们说一说，看谁说得又多又好。

预设：学生开始做成语游戏，如半信半疑、半壁江山、半推半就、半途而废、半斤八两……

【设计意图】以生动的形式引出成语"半斤八两"。

引导：提到成语"半斤八两"，按字面意思理解，谁能说说它与我们生活中的实际应用有什么不同？

预设：学生发言。

【设计意图】引导学生对成语进行深层次探究。

引导：同学们说对了，现在的半斤是五两，而两千多年前的半斤就是八两，中华人民共和国成立后，由于十六两制不方便计算，才改为一斤等于十两，半斤等于五两。老师给大家讲个小故事（引入"半斤八两"的故事），请大家在听的过程中想一想，当时由于什么标准没有确定才会出现十六两制？

预设：学生回答问题，由于度量衡中"衡"的标准没有确定。

【设计意图】了解成语"半斤八两"的由来，引出研究主题。

引导：谁能说说什么是度量衡？度量衡的用途是什么？

预设：学生回答问题，根据自学内容简述度量衡的知识。

【设计意图】学生自主学习，激发学生新的潜力，也为后面的学习做好铺垫。

（二）新授

1.统一度量衡

引导：春秋战国时期，群雄割据，刚才同学们提到了"战国七雄"，那么，各国除了度量衡不统一，还有哪些方面不统一呢？

预设：学生回答问题。

出示图片：各国的货币、度量衡、文字

引导：秦始皇统一六国后，如果人们继续沿用原有的度量衡、文字、货币行不行？为什么？请大家分组讨论后汇报结果。

预设：学生分组讨论，汇报结果。

小结：如果不统一，混乱的局面会继续阻碍社会的发展和人民的生产生活。只有文字、货币和度量衡统一，才会给人民生活提供更便利的条件，对规范商品交换产生积极的影响。因此，规则的制定可以促进国家的发展。

【设计意图】了解历史，体会制定规则前后的变化以及给人民生活、国家发展带来的影响。

出示图片：大铁权

引导："权"是测量物体轻重的工具——衡器的组成部分，相当于现代的"砝码"，这件铁权的表面刻有秦始皇二十六年统一度量衡的诏书，证明它是秦代为统一全国的衡制而铸造的，可见它的意义非同一般。同学们仔细阅读教材第22页的文字，请一名同学来给大家说说，秦始皇为了确保度量衡制度的严格执行，都采取了哪些有力措施？

预设：学生回答问题。

【设计意图】了解文物"大铁权"，体会规则需要全社会严格遵守，否则就是一纸空文。

小结：秦始皇为确保制度严格执行颁布了一系列法令，可见规则对一个国家发展的重要作用是不可忽视的。

2.计量单位的历史变迁

引导：在我们的生活中有许多旧的计量单位仍然沿用至今，你能举例说明吗？

预设：学生回答问题。

引导：通过学习，我们认识了很多古老的测量工具，那么再看看下面这两件，你能说说它们与度量衡的关系吗？

出示图片："子禾子"青铜釜、"王"字青铜衡

预设：学生回答问题。

【设计意图】学生体会计量单位的历史变迁及其对后世的深远影响。

小结：秦统一度量衡为中国两千多年封建社会的度量衡制奠定了基础。旧计量单位至今仍在使用，这告诉我们传统的计量单位对于中国人的影响是多么深远。

3.古今对对碰

引导：同学们说出了很多我们生活中常用的计量单位，有些同学还说出了计量工具，下面我们来做个"古今对对碰"的小游戏，检验一下你们今天的学习成果。我们现在运用这些计量工具做个简单的测量。

动手操作：
1.用秤或天平称量水果的重量。
2.用尺子分别测量自己的腰围和裤长各是几尺几寸，并将结果换算成厘米。

预设：学生操作。

【设计意图】通过小游戏和动手操作，加深学生对计量工具的认识，了解计量单位的国际化趋势。

小结：经过动手操作，同学们对"度""量""衡"有了新的了解，对计量单位有了更深的认识。我们中国人去买裤子总记得自己腰围是多少尺多少寸，很少有人记住是多少厘米。但随着社会的发展，现在有很多的计量单位都逐渐与国际接轨，像千克、千米之类的计量单位更是普遍地运用于生活中的各个方面，不仅促进了国家经济、文化的发展，也拉近了国与国之间交往、合作的距离。

（三）总结拓展

总结：两千多年前度量衡的统一是中国计量史上的重要里程碑。随着社会的发展，社会规则的制定变得越来越重要明晰，小到我们的个人生活，大到社会文化、经济的发展，规则处处都可以体现。

十一、拓展推荐

1.查找关于本章中记里鼓车模型的资料，结合出租车计价器的应用，了解它们的工作原理。

2.结合所学的度量衡知识设计一张美丽的小书签。

执笔人：李昂

第二十二章　公正廉明

一、课程概述

本章以西汉时期的御史中丞封泥作为切入点，核心词是"规则"。为了使学生更好地理解这一核心思想，以御史制度的发展作为教学引领，教学过程从西汉设立御史制度到今天我们提出的法治社会，再到不断完善我们的法律制度以及保障人民的基本权益进行展开。

"国宝档案"中分别介绍了封泥的用途、封泥背后的权力、西汉时期设立的御史制度以及国家为确保制度严格执行制定的一系列措施。"历史足迹"通过御史制度发展过程中出现的各种制度记录、监察机构，提示我们传统的御史监察制度对于中国的影响是多么深远。"文物聚焦"通过列举韩愈的代表作《御史台上论天旱人饥状》、海瑞的《治安疏》、孙中山颁布的《中华民国临时约法》，展示封建统治时期及资本主义萌芽阶段御史监察权力的普遍应用。"阅古识今"使学生了解国家依法治国的决心，同时通过尝试制订班级规则感受规则对行为的制约、引导作用。

二、适用对象

五年级学生

三、教学方法

多媒体辅助教学法、合作学习教学法、情境教学法。

四、目标维度

1. 了解御史制度的用途，知道御史制度对中国的政治、经济、文化发展起到的积极作用，感受规则的重要性。

2. 了解我们身边的监察制度给人民生活带来的深远影响。

3. 通过本章的学习，使学生树立处处有规则的意识，感悟生活中规则的体现和意义，学会制订有效的规则。

五、重点难点

教学重点：挖掘文物背后的故事，体会规则对社会的影响，告诚我们要遵守规则。

教学难点：引导学生感悟规则的重要性，学会制订有效的规则。

六、前期准备

教师准备：文物图片、历史故事等相关资料。

学生准备：课前预习，查阅与本章相关的资料信息。

七、课时安排

1 课时

八、关联课程

品德与社会　　三年级《我爱班集体》

九、流程导图

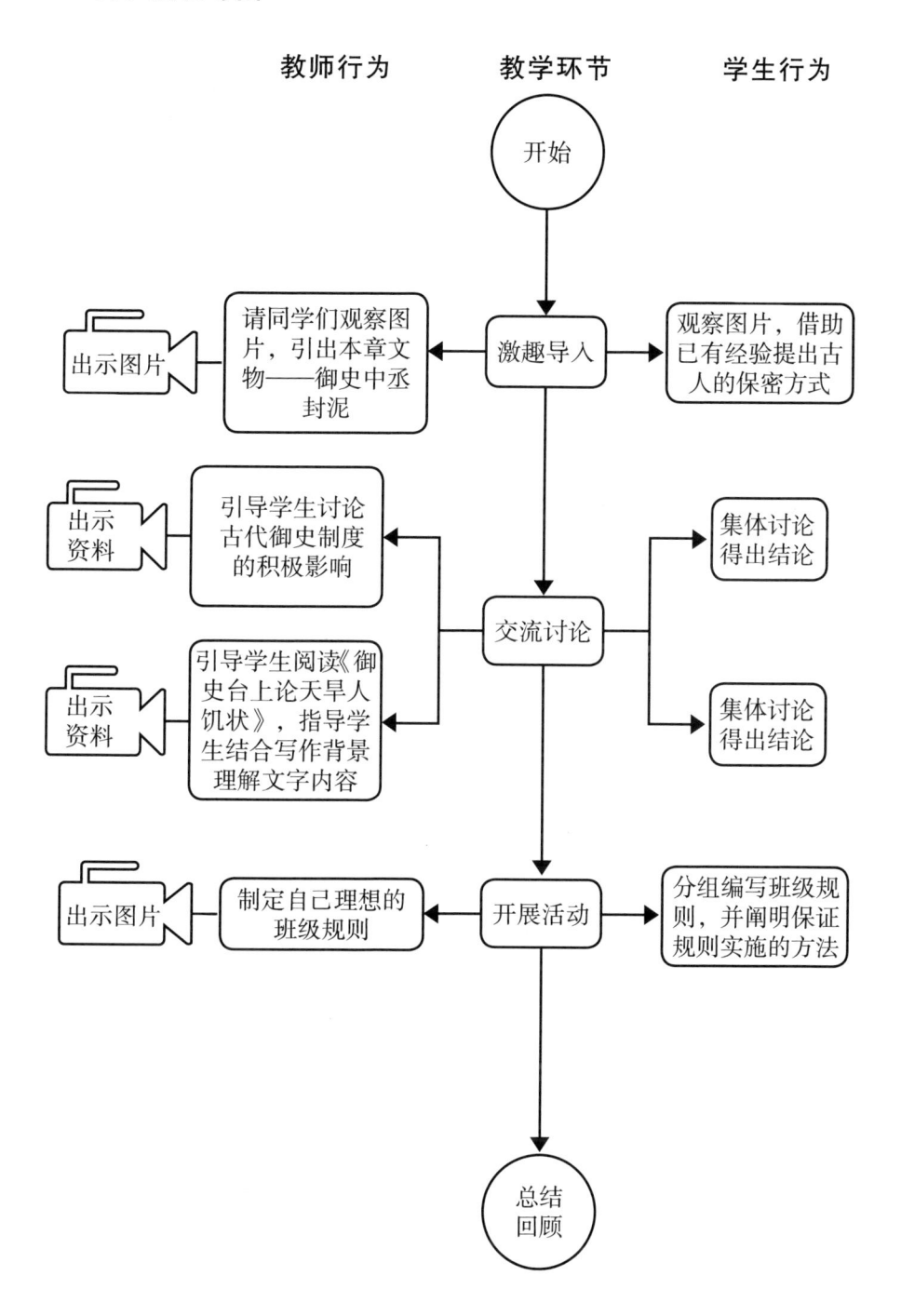

教师行为	教学环节	学生行为

开始

出示图片 → 请同学们观察图片，引出本章文物——御史中丞封泥 → 激趣导入 ← 观察图片，借助已有经验提出古人的保密方式

出示资料 → 引导学生讨论古代御史制度的积极影响 → 交流讨论 ← 集体讨论得出结论

出示资料 → 引导学生阅读《御史台上论天旱人饥状》，指导学生结合写作背景理解文字内容 → 交流讨论 ← 集体讨论得出结论

出示图片 → 制定自己理想的班级规则 → 开展活动 ← 分组编写班级规则，并阐明保证规则实施的方法

总结回顾

十、实践教学

（一）导入

出示图片：手机密码

引导：同学们，今天我们为了让自己的信息受到保护会给自己的手机设置密码，有时还会通过验证码来验明身份。可是古代人没有这种工具，他们又是怎样保护隐私和秘密的呢？

预设：学生回答，可能会采用保密的书写方式或是特殊的符号等等。

【设计意图】以生动的形式将学生引入学习环境中。

过渡：封泥就是将印章按在泥上，作为木质牍函封口的凭证。这其实就是古代人给自己的信件设置的密码。

【设计意图】增加学生对封泥的了解，激发探究兴趣。

出示图片：御史中丞封泥

引导：现存于世的封泥有很多，我们今天为什么要单独介绍这块封泥呢？它有什么特殊之处呢？阅读《规则》（下）第32页，看看能否找到答案。

预设：学生自学。

【设计意图】了解御史封泥的由来，引出研究主题。

引导：谁能说说，为什么要研究这块封泥？

预设：学生自由发言。

小结：这块看似普通的封泥所代表的权力至高无上，而这种权力正是我们今天在社会生活中必须持有的公正廉明这一精神的体现。（教师板书题目：公正廉明。）

【设计意图】这是一个逐步聚焦的环节，先让学生了解封泥的作用和多种多样的封泥，最终通过潜心阅读聚焦到御史制度上来，调动学生的探究兴趣。

（二）新授

引导：御史制度发展到明代，监察机构被称为都察院，它的设立对社会发展有哪些积极影响？请你阅读《规则》（下）第32—34页寻找答案。

预设：学生自由发言。

出示资料：历史故事《林润弹劾严嵩之子》《太祖弹雀》

资料1：

御史林润劾斩严嵩之子严世蕃的事情声震朝野，明代史籍中均有记载。

那是在嘉靖年间，严嵩秉政二十多年，其任首辅、独揽朝纲的时间达十五年。严嵩和儿子严世蕃卖官鬻爵，朋党为奸，残害忠良，被人称为"大丞相"和"小丞相"。

严世蕃还仿照皇帝有二十七个世妇的制度，娶了二十七个小老婆。

这引起正义人士无比的愤慨，就在严嵩执政时，对他的弹劾和揭露也从未间断。而因弹劾遭迫害的官员多达数十名。锦衣卫沈炼、兵部员外郎杨继盛，他们是朝上奏章，暮入诏狱，均遭处死。但压而不服，当时朝中很多御史都愿以死弹劾严嵩。

嘉靖四十一年（1562年），御史邹应龙和林润不畏权势、不受拉拢，极力弹劾，奏其一贯受贿，且贪污边饷、勾通倭寇，使昏庸无能的世宗不得不传谕，抓严世蕃下狱，令严嵩致仕还乡，党羽罗龙文充军。

嘉靖四十三年（1564年），林润奉命巡视边防，深入民间，了解严世蕃谪戍雷州途中逃跑回家，本性不改，于是再劾严世蕃强占民田、半路逃跑、蓄养刺客、图谋不轨，半年就作案27起，不但百姓受害，连地方官也被欺凌。世宗看了奏章，大怒，下旨再次逮捕严世蕃一伙。严世蕃被抓到堂上，徐阶取出奏稿掷令他自阅，严世蕃看罢，面如土色。嘉靖四十四年（1565年），世宗下旨将严世蕃、罗龙文处斩弃市，家产抄没。临刑前，严世蕃家人捧过纸笔，让他写封家书，与父诀别。他执笔在手，涕泪直流，一片白纸，半片湿透，手颤不止，半天竟写不成一个字。

资料2：

司马光在《涑水记闻》中曾记载过一段很有意思的故事。

有一天，宋太祖赵匡胤在御花园里用弹子打雀时，群臣说有急事上奏。赵匡胤马上接见，结果大臣们所奏的只不过是一桩小事。

他有点儿恼火，骂大臣们不该为了一件鸡毛蒜皮的小事打断他弹雀的雅兴。想不到其中一位御史竟然顶撞说："事情虽小，总比陛下打雀重要一些吧！"赵匡胤见他如此放肆，不禁龙颜大怒，他顺手拿起一把斧头，用斧柄猛击这位大臣的嘴巴，打掉了他两颗门牙。让赵匡胤想不到的是，这位御史竟然从容不迫地从地上拾起这两颗门牙，装在身上。赵匡胤更生气了，责问道："你收起这两颗牙齿，大概是想去告我的状吧？"这位御史不慌不忙地回答说："我不能去告陛下的状，但这件事自然会有其他御史记录下来的！"赵匡胤听了之后，马上换了一副面孔，和颜悦色地赏赐给这位大臣一些金帛，以示慰劳和歉意。

引导：读了这些故事你又有什么发现？

预设：学生分组讨论交流，汇报结果。

小结：御史制度可以有效地制约权力，将权力关进笼子。因此，御史制度的出现能够更加规范官员甚至皇帝的行为。可见规则能够顺利实施需要有效的保证。

【设计意图】让孩子们通过阅读"历史足迹"，拓展相关的小故事，感受御史制度的强大作用和它在社会发展中的平衡作用。

引导：那个曾经写过《师说》的韩愈也是一名御史，还留下了著名的《御史台上论天旱人饥状》。大家都来读读这段文字，看看韩愈想告诉皇帝什么情况。

出示资料：史籍片段

至闻有弃子逐妻以求口食，坼屋伐树以纳税钱，寒馁道涂，毙踣（音同博）沟壑。有者皆已输纳，无者徒被追征。

引导：韩愈说得情真意切，他为什么这么说呢？

出示资料：写作背景

贞元十九年（803年），韩愈调任御史台任监察御史。这虽然只是一个八品的小官，职权却很大。韩愈的职责范围包括考察万官、巡查地方行政等，有干政的机会。有一年，都城长安周边好几个县出现了灾情，春夏两季干旱，而秋天又遭受了早霜袭击，老百姓的收成连以前的十分之一都没有。可当时负责京城行政的京兆尹李实，却为了讨得皇上的欢心，一直欺下瞒上报喜不报忧。天灾加上行政长官的不作为，老百姓的生活极端困苦。性格刚直的韩愈为此向皇上呈上了这份奏状，在文中揭露了灾情的事实，请求皇上能减免周边县域的赋税。状文在介绍了今年京城周边遭受灾害的情况之后，还向皇帝请求停征灾民今年的赋税，等来年有了好收成的时候再一起征收。而后作者写出了自己的心声，说自己愚昧鲁莽，这篇文章只是看到什么说什么。这篇揭露现实的文章触怒了皇上，加上另外一些因素的影响，韩愈被贬为阳山县令。

预设：学生自由回答教师的提问。

【设计意图】学生体会御史制度的监察作用及其对后世的深远影响。

小结：今天我们的社会生活中，有专门的公检法机关，其中检察院的功能就包括了古代御史台的功能。它起到了制约权力的作用。

（三）总结拓展

拓展：今天我们学习了体现公正廉明的御史制度，知道了它是保证规则顺利进行的有力措施。换句话讲，任何规则的实施都需要有保证。其实在今天的社会，我们也有保证规则正常实施的部门，这就是检察院。人民检察院是中华人民共和国国家法律的监察机关。人民检察院依据法律独立行使检察权，不受任何行政机关、团体和个人的干涉。古代有御史制度监督官员，今天有检察机关负责监督，在我们小学生的校园生活中，我们也可以通过制订班级规则来确保行为规范的顺利实施。课后，请你设计一个你认为理想的班级规则。

总结：今天我们知道了规则能够制约我们的言行，但是规则也需要制度的保护，不论是古代的御史制度，还是今天的司法制度，都是在保护我们的规则，让我们的生活能够正常有序地进行。

十一、拓展推荐

1.参观明十三陵中位于昭陵的"明镜昭廉"明代廉政文化园区，

了解明代廉政制度是中国古代廉政制度之巅，著名清官廉吏——海瑞更是名垂千古。

2.将自己制订的班级规则工整地誊抄下来。

执笔人：高金芳

第二十三章　华服蕴制

一、课程概述

本章选取出土于陕西省礼泉县郑仁泰墓的两尊分别表现了唐代身穿铠甲和礼服的武将形象的陶俑为主要文物。从两名武将身上穿着的服饰，足可窥见唐代的服饰规则。

围绕服饰中的规则，"国宝档案"板块介绍了陶俑表现出的唐代人在战场和在朝堂上的不同装束，从中可以看出唐代经济的繁荣、物质的丰富和社会生活的多彩。文中分析了彩绘陶俑的艺术价值，让学生了解郑仁泰的戎马一生。"历史足迹"板块介绍了丝绸之路在唐代达到了空前的繁荣，国力强盛的唐王朝的自信开放使服饰展现出兼容并蓄、华丽雍容的特点。"文物聚焦"板块通过《簪花仕女图》、唐代丝绸和古诗《赠刘采春》三个角度引导学生思考唐代的服饰、发饰、妆容的特点和唐代的丝绸纺织技艺。"阅古识今"板块以学生们生活中的穿衣规则为例，引导学生关注男女款衬衫系扣的差异，启发学生关注军人的肩章，进一步体会规则在服饰方面的体现。

二、适用对象

五年级学生

三、教学方法

问题探究法、合作学习教学法。

四、目标维度

1. 观察陶俑，了解唐代服饰的规则，了解郑仁泰其人、"玄武门之变"、《簪花仕女图》，欣赏唐诗。

2. 通过观察和思考，借助查阅的资料，使学生学会比较和分析。

3. 能够联系生活实际，感受规则体现在服饰之中，激发学生对中国传统文化的热爱。

五、重点难点

教学重点：联系生活实际，感受服饰中的规则，激发学生对中国传统文化的热爱。

教学难点：通过观察和思考，借助查阅的资料，使学生学会比较和分析。

六、前期准备

教师准备：《簪花仕女图》、墨绿地狩猎纹印花纱等相关文物的图片资料，硬笔书写纸等。

学生准备：查阅资料，观看《百家讲坛》，了解"玄武门之变"，搜集描写古代着装的诗句，准备签字笔。

七、课时安排

2课时

八、关联课程

| 美术 | 六年级《制作藏书票》 |
| 品德与社会 | 五年级《我国古代的丝绸之路》 |

九、流程导图

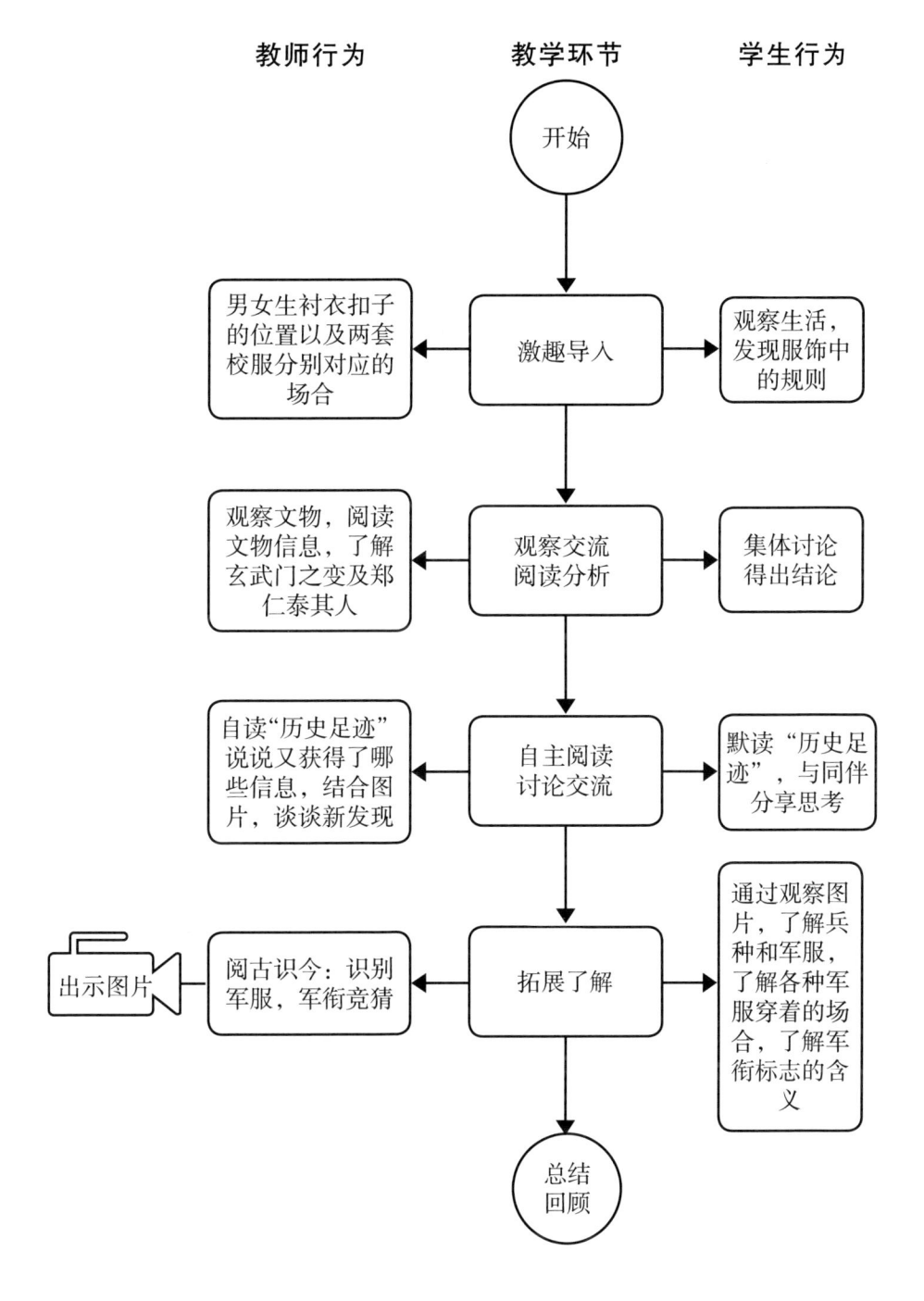

教师行为	教学环节	学生行为
	开始	
男女生衬衣扣子的位置以及两套校服分别对应的场合	激趣导入	观察生活，发现服饰中的规则
观察文物，阅读文物信息，了解玄武门之变及郑仁泰其人	观察交流阅读分析	集体讨论得出结论
自读"历史足迹"说说又获得了哪些信息，结合图片，谈谈新发现	自主阅读讨论交流	默读"历史足迹"，与同伴分享思考
出示图片　阅古识今：识别军服，军衔竞猜	拓展了解	通过观察图片，了解兵种和军服，了解各种军服穿着的场合，了解军衔标志的含义
	总结回顾	

十、实践教学

第一课时

（一）导入

引导：请同学们解开衬衫上的一粒扣子，观察扣子和扣眼的位置，你发现了什么？

预设：男生的衣扣钉在右衣襟、女生的衣扣钉在左衣襟。

引导：咱们史家小学有几套校服？分别在什么场合穿？

预设：礼服和常服两套，升旗仪式和重大活动时穿礼服，平时穿运动款常服。

小结：从这两个例子中，我们可以看到服饰中的规则就是我们本节中华传统文化实践课的核心。

【设计意图】观察生活，导入本章主题。

（二）新授

1.探究学习"国宝档案"部分——郑仁泰墓彩绘陶俑

出示图片：郑仁泰墓彩绘陶俑

引导：请大家仔细观察文物，你发现了什么？

预设：彩塑、着装不同等。

引导：这两尊彩塑出土于陕西省礼泉县郑仁泰墓，现藏于中国国家博物馆。在釉陶上进行彩绘的难度是极大的，彩绘为后来"唐三彩"的出现奠定了基础，因此这两尊彩绘陶俑的艺术价值也是极高的。仔细看，这两尊陶俑都是武将形象。你有什么发现吗？

预设：武将在战场上和在朝堂上要穿着不同服装。着铠甲的官俑头戴钢盔，身穿铠甲，绿地宝相花战袍垂到靴面，肩部所披的甲胄上层为虎头状，从虎口中吐出装饰金边的绿色披膊。他右臂前屈，手中好像握有武器，表情威严。另一个着礼服的官俑头戴进德冠，上身穿红色宽袖短袍，领、袖和下襟全都装饰着织锦花边，外罩一件背心式服饰，下身穿白色衣裙，脚穿黑色如意云头鞋，沿袭了传统的高冠革履、宽袍大袖的打扮。两件陶俑的衣冠全部采用彩绘贴金工艺制成。

【设计意图】仔细观察文物，透过文物服饰的区别，了解服饰中的规则。

引导：课前，老师让大家搜集了关于"玄武门之变"的知识，请同学们以小组为单位交流一下，并了解郑仁泰是谁。

预设：学生交流课前预习情况，阅读"我的积累"，了解郑仁泰其人。

【设计意图】了解郑仁泰超规制厚葬的原因，进一步体会规则的作用。

2. 交流学习"历史足迹"

引导：我们仔细看了两尊陶俑服装的款式、色彩和质地，透过这些，我们似乎可以联想到唐代服饰的着装特点。请自读"历史足迹"部分，说说你又获得了哪些信息。

预设：唐代贞观之治之后国力强盛，丝绸之路空前繁荣；服饰上吸纳外域文化，风格雍容华贵；男装女装呈现出不同的特点。

【设计意图】仔细观察文物，了解唐代丝织品和丝织业，进一步体会服饰所折射出的国家各个层面的发展。

3. 实践探究，阅古识今

引导：在当今，军服中不仅有礼服、常服、作训服之分，更因兵种不同而不同。请你说说各种军服穿着的场合。你知道这些分别代表了什么军衔吗？

出示图片：军衔图片

预设：学生根据知识积累回答。

【设计意图】纵观古今，体会服饰中的规则。

（三）总结拓展

拓展：请同学们课后完成两项作业，下节课我们继续学习。

1. 查阅资料，完成"我的探究"。

2. 观看《百家讲坛》之《玄武门之变》或者观看电影《玄武门之变》，了解这一历史事件。如果有条件，还可以查阅《旧唐书·长孙无忌传》《新唐书·高宗本纪》，了解郑仁泰其人。

第二课时

（一）导入

过渡：通过上节课的学习，大家了解了彩绘陶俑，老师还建议大家观看《百家讲坛》之《玄武门之变》或者观看电影《玄武门之变》，了解这一历史事件，并查阅资料了解郑仁泰其人。大家一定收获颇多，彼此交流一下吧。这节课我们继续聚焦更多精美文物。

【设计意图】回忆旧知，交流拓展。

（二）新授

1. 簪花仕女图

出示图片：《簪花仕女图》

引导：哪位同学能给大家读一下《规则》（下）第44页的倒数第一、二自然段？确定书中"我的研究"方向，并以小组为单位交流研究方法，填写研究结果。

预设：学生明确研究方向后自愿结组，借助网络开展自主学习，合作完成研究成果填写。

【设计意图】条件允许可在机房上课或用平板电脑教学，由老师示范如何上网查找资料。正常教学时，初步交流观察结果，提出还需进一步研究的内容，让学生以家庭作业的形式继续研究后得出研究结果。

2. 唐代丝绸

引导：丝绸之路在唐代达到了空前的繁荣。国力强盛的唐王朝自信开放，服饰文化兼容并蓄，呈现出华丽雍容的特点。

出示图片：墨绿地狩猎纹印花纱

引导：请你观察这薄如蝉翼的丝绸，猜一猜花纹是什么图案，说说你想了解什么。

预设：想知道唐代的丝绸纺织技艺。

【设计意图】结合当前国家提出的"一带一路"倡议，拓展学生视野。

3. 唐诗中的服饰

出示资料：古诗《赠刘采春》

引导：请大家欣赏这首诗，感受诗中描述的华丽服饰。

【设计意图】从古诗的描写中欣赏服饰，体会特点，激发兴趣。

（三）总结拓展

拓展：你知道哪些国家的特色服饰？课下和同学们交流一下你所知道的古今中外的着装规则吧。

十一、拓展推荐

1. 参观中国国家博物馆，重点看唐代彩塑部分，进一步激发学生对唐代彩塑文物的兴趣，通过实地观察增进了解。

2. 通过登录中国国家博物馆、辽宁省博物馆等官方网站，观赏《簪花仕女图》高清图片和更多丝织品文物，从而进一步激发学生对唐代丝绸文物的兴趣，更多地了解相关知识和感兴趣的内容。

十二、注意事项

1. 本章对应《规则》（下）第五章内容。

2. 学习本章前，让学生查阅"玄武门之变"的历史资料，查阅关于唐代纺织技艺的资料，有目的地搜集唐诗中描写服饰的诗句。知识范围的宽度决定学生的收获情况。

3. 引导学生善于观察，在观察的基础上有所思考，指导学生善于提问，不要一味讲解。

4. 分批处理学生提出的问题，留出空间，让学生自主合作学习，探究解决。

执笔人：张伟

第二十四章　黑白方圆

一、课程概述

本章以唐代的《弈棋仕女图》作为切入点，从围棋的历史发展说起。几千年来，围棋从民间简单的游戏逐渐发展成为十九路棋盘，具有完整的思想体系，每个构成要素都有内涵，它的游戏规则是严谨的。

围棋是以争夺地盘为目的的游戏，双方在棋盘上展开对抗，时而有恢弘磅礴的气势力鼎千钧，时而有扎实坚毅的韧性步步为营，时而攻城略地杀机毕现，时而天马行空了无痕迹。虽然战斗激烈，但双方也要遵守规则，最后以和平收场，战争与和平在游戏中达到了和谐统一的新高度。

围棋的这种特点也体现在从古至今的对外交往中，所以围棋作为文化交流的使者在古代唐朝与日本、西域的关系中，在现代中美、中韩的国家交流中频频出现，它揭示了和谐共存才是人类生存的最高法则。

二、适用对象

五年级学生

三、教学方法

讲授法、多媒体辅助教学法、合作学习教学法。

四、目标维度

1.通过本章的学习，让学生知道围棋的文化根源以及它在现代社会中发挥的作用。

2.初步了解围棋发展的历史。

3.从文化角度对围棋进行了解，激发学生探究中国传统文化的兴趣。

五、重点难点

教学重点：使学生理解对弈双方虽然自始至终都在进行激烈的

争斗，但也要遵守一定的规则，达到终局的和谐，由此引申出围棋作为交流使者的意义。

教学难点：学生平时涉猎传统文化知识较少，不易理解，应使教学生动有趣。

六、前期准备

教师准备：文物图片、历史故事等相关资料。

学生准备：课前预习，查阅与本章相关的资料信息。

七、课时安排

1课时

八、关联课程

品德与社会　　三年级《我的兴趣爱好》

九、流程导图

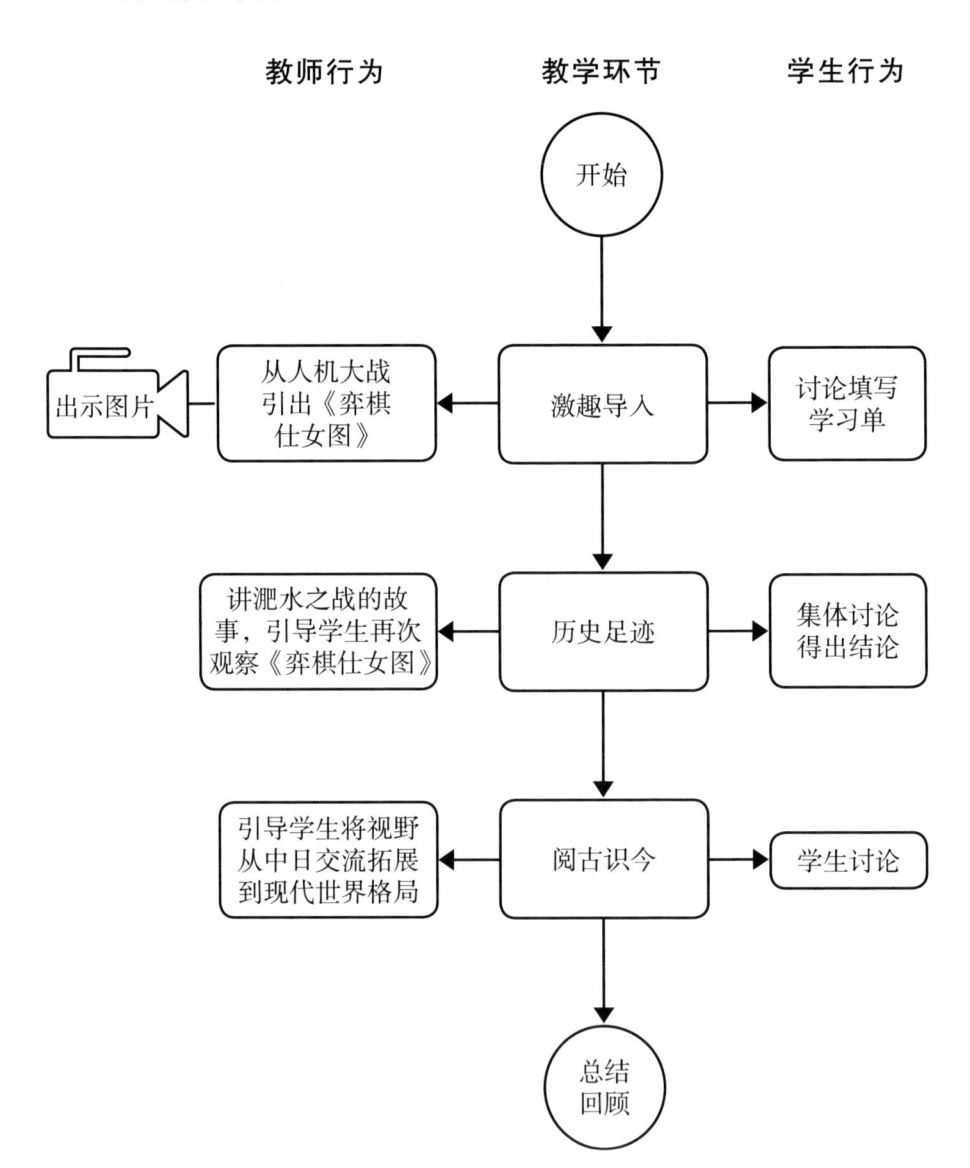

教师行为	教学环节	学生行为

开始
↓
出示图片 → 从人机大战引出《弈棋仕女图》 → 激趣导入 → 讨论填写学习单
↓
讲淝水之战的故事，引导学生再次观察《弈棋仕女图》 → 历史足迹 → 集体讨论得出结论
↓
引导学生将视野从中日交流拓展到现代世界格局 → 阅古识今 → 学生讨论
↓
总结回顾

168

十、实践教学

（一）导入

引导：同学们，你们知道2017年5月进行了一场围棋界的人机大战吗？这次对战是由哪位棋手与电脑对弈，胜负又如何呢？

预设：柯洁对"阿尔法狗"，柯洁零比三输了。

出示图片：柯洁与人工智能对局现场（柯洁泪洒赛场）

引导：同学们，围棋可以说是世界上最复杂的智力游戏，谁能说出围棋与其他棋类的不同点？

预设：棋子有"气"、棋盘上的棋子越下越多、棋盘不同等。学生讨论后填写《规则》（下）第53页的学习单。

过渡：围棋除了有竞技特点之外，还有丰富的文化内涵，今天我们一起来认识一下"黑白方圆"（出示课题"黑白方圆"）。

（二）新授

出示图片：《弈棋仕女图》

引导：同学们请看，这是在新疆出土的唐代《弈棋仕女图》，一位衣着华丽的妇女在下围棋，看到这张图你能想到什么？

预设：唐代时下围棋已经很普遍了。中国围棋有几千年历史了，从简单的民间游戏逐渐发展成为十九路棋盘，圆子方盘表示天圆地方，黑白双色表示阴阳，棋盘中心点叫天元，代表了阴阳二气未分的原始状态，八个星位代表了八个方位，361个交叉点代表了一年的天数，外围的七十二个点表示72候，可以说围棋与中国传统文化密不可分。

【设计意图】以唐代的《弈棋仕女图》作为本章的切入点，从围棋的历史发展说起，通过图片展示引导学生讨论分析得出结论：围棋是传统文化的体现且流传久远。

引导：围棋是一种策略性很强的对战游戏，中国古代著名的战例中都有围棋的影子，如著名的"淝水之战"。

出示资料：淝水之战图片及故事

距今一千六百多年的晋代，爆发了一场以少胜多的著名战役——淝水之战。东晋以八万人马，打败了号称有百万人马的前秦

169

八十万大军。

东晋大将军谢安在大军压境之际反而穿着木屐，在大帐里与幕僚下围棋。这个幕僚平日对谢安胜多负少。在下棋的过程中，探马多次来报，敌人越来越近，战况越来越激烈。每次听到报告，谢安都是不动声色，而那个幕僚却无心恋战连输几盘。战斗进行到傍晚，终于传来胜利的消息，谢安一跃而起，向前一走才发现右脚的木屐竟然被他从中间踩折了。从此谢安临危不惧、从容不迫的大将风度传遍天下。

小结：之所以历史上对战争的叙述中会记录下围棋的事情，是因为围棋与战争有共通之处，既要战胜对手又要遵守规则。

出示图片：《弈棋仕女图》

引导：我们再看看这张图还能带给我们什么知识。图片上这位妇女的衣着发式与哪个国家的妇女相像？

预设：日本。

引导：谁知道唐朝与日本有什么文化交流？

预设：遣唐使。围棋在文化交流中起到了重要的作用。

出示图片：木画紫檀棋具

引导：这是现藏于日本东大寺正仓院的木画紫檀棋具，据说是唐朝皇帝赠与日本天皇的礼物。围棋是一种战斗的游戏，而国与国之间互送礼物希望的是和平，为什么把围棋当作礼物呢？

预设：学生讨论。

【设计意图】通过对淝水之战的介绍，让学生对围棋对局中体现的斗争性有所了解，在此基础上再次观看《弈棋仕女图》，让学生对围棋在文化交流中起到的作用有一个初步的了解。

出示图片：棋子排成的太极图

小结：一位诺贝尔物理学奖获得者曾经说过："现代科学的发展更符合中国的哲理。"那么中国的哲理是什么？它就在这黑白代表的阴阳中。不同的两极会有争斗，但争斗是为了更高层次的和谐，这可能就是中国皇帝赠与日本天皇围棋的深意吧。

出示图片：电影《一盘没有下完的棋》剧照

小结：中日曾经合拍过一部电影《一盘没有下完的棋》，讲的是 20 世纪 20 年代日本围棋第一高手松坡来到中国想与中国第一高手况易山对弈，但棋局未完，况易山便被军阀陷害带走。日本侵华战争爆发后，松坡入伍。在中国，日本军官强迫他与况易山下棋，况易山不愿为侵略者表演，悲愤地举起棋盒砸向松坡手上的日本军刀。30 年后，两位老人再度相逢，况易山用他那残缺的手指拿起棋子与松坡继续这一盘 40 年没有下完的棋。

预设：无独有偶，在中美、中韩交换的国礼中又出现了围棋，同学们觉得这有什么意义？

预设：学生讨论。

【设计意图】战争与和平在人类的历史上交替出现，在当今的世界格局下，国与国之间也会掀起没有硝烟的战争。如何找到平衡点即生存之道，是一个永恒的话题。通过对中日交流的回顾和对未来的展望，学生们对中国传统文化的代表之一——围棋的认识将得到提升。

（三）总结拓展

总结：围棋是一项古老的运动，它凝聚了先人的智慧，对今天的生活也有着深远的影响。人类生存之道，尽在方圆之中。

十一、注意事项

1. 教学可以利用平板电脑展开，因为涉及的传统文化知识较多，教师课堂展示的信息量不够，如果利用网络展示效果会更好一些。

2. 如有条件可以上两课时，第二课时可以安排学生对弈。通过对弈让学生体会到围棋规则在实战中的应用，进而加深对围棋背后生存之道的理解。

执笔人：高立公

第二十五章　货真价实

一、课程概述

本章围绕"规则"这一核心词，结合国宝"济南刘家功夫针铺铜版"展开。这是一块北宋时期的广告铜版，上面雕刻着"济南刘家功夫针铺"的标题，中间是白兔捣药的图案，图案左右标注"认门前白兔儿为记"，下方则刻有说明商品质地和销售办法的广告文字："收买上等钢条，造功夫细针，不误宅院使用。转卖兴贩，别有加饶。请记白。"整个版面图文并茂，白兔持杵捣药相当于店铺的标志，广告化的文字宣传突出了针的质量和售卖方法。这块铜版印出的纸既可以做针铺的包装纸，也可以做招贴发放，起到广告宣传的作用。

在"国宝档案"部分围绕这件文物展开介绍和探讨，并以"以白兔作为商标图案的原因"为题进行自主研究，引出商标的作用不仅在于保证质量，也是维护商标注册人信誉权益和维护消费者诚信规则的重要体现。在"历史足迹"部分，简述宋代历史环境和经济背景，使学生对铜版所处历史年代有更深刻和全面的认识，从而认识到在当时发达的商业环境下，商业规则存在的必要性和重要性。随之引出"文物聚焦"部分，给出"湖州仪凤桥石家真正一色青铜镜"、《南都繁会图》和《货郎图》三个文物案例。"阅古识今"部分通过质量和诚信表现出来的道理，启发学生意识到商标这一无形资产背后蕴含的规则理念，从而升华了全章主题。

二、适用对象

六年级学生

三、教学方法

讲授法、多媒体辅助教学法、情境教学法。

四、目标维度

1.在认知文物的过程中，感受文物的象征意义，感知规则的重要性和必要性，增强学生的责任感。

2. 结合社会知识，全面提高、拓展学生能力。

3. 引导学生在学习和生活中树立诚信意识，重视规则。

五、重点难点

教学重点：使学生熟知文物"济南刘家功夫针铺铜版""湖州仪凤桥石家真正一色青铜镜"和《南都繁会图》。

教学难点：在自主学习、小组探讨中，使学生了解文物所展现出的经济环境，以及在历史背景下衍生的文化。

六、前期准备

教师准备：课件、图片（湖州仪凤桥石家真正一色青铜镜、《南都繁会图》和《货郎图》）等教学资料。

学生准备：课前预习，查阅与本章相关的资料信息。

七、课时安排

2课时

八、关联课程

品德与社会　　四年级《中华老字号》

九、流程导图

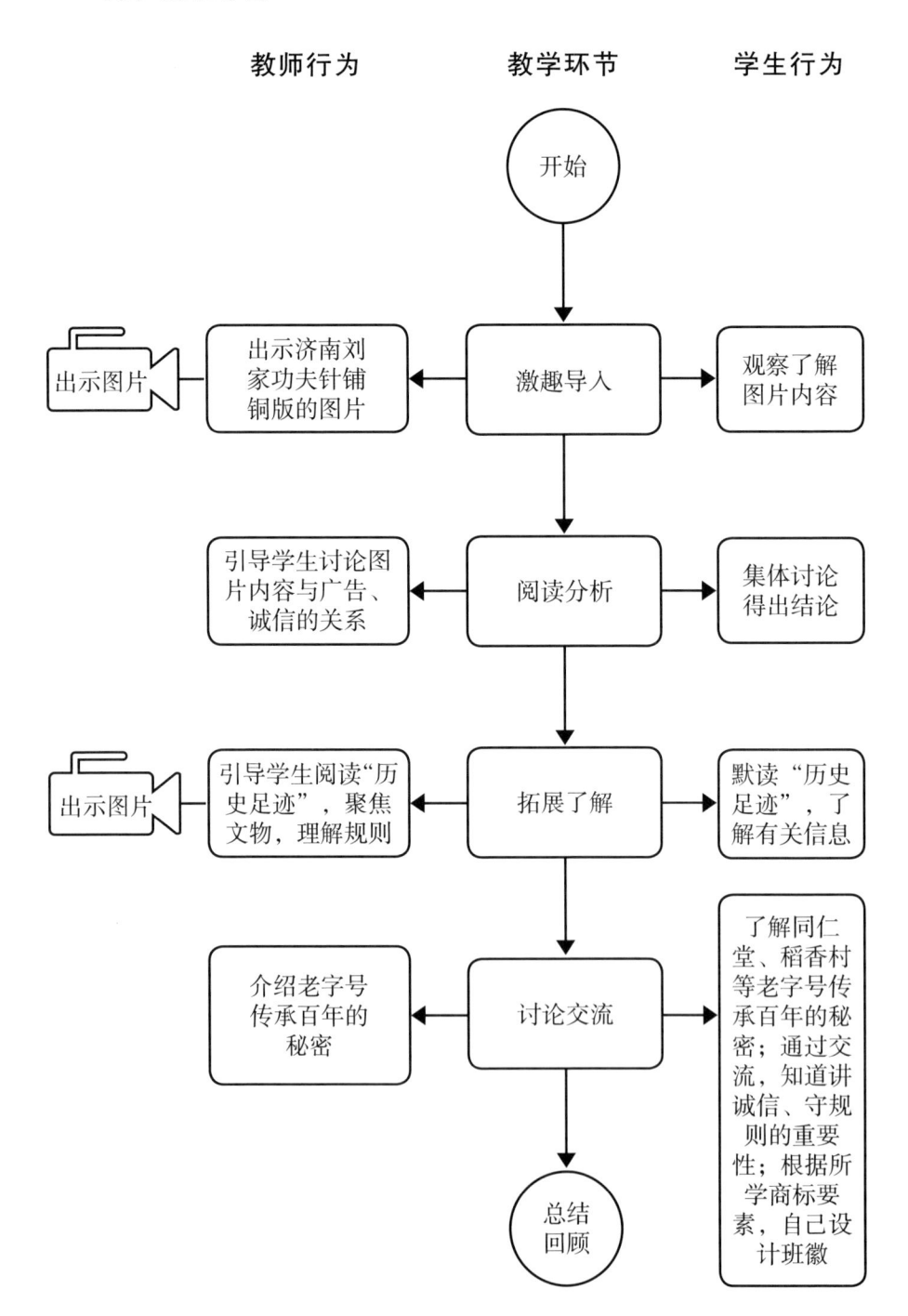

教师行为	教学环节	学生行为
	开始	
出示图片 ← 出示济南刘家功夫针铺铜版的图片	← 激趣导入 →	观察了解图片内容
引导学生讨论图片内容与广告、诚信的关系	← 阅读分析 →	集体讨论得出结论
出示图片 ← 引导学生阅读"历史足迹",聚焦文物,理解规则	← 拓展了解 →	默读"历史足迹",了解有关信息
介绍老字号传承百年的秘密	← 讨论交流 →	了解同仁堂、稻香村等老字号传承百年的秘密;通过交流,知道讲诚信、守规则的重要性;根据所学商标要素,自己设计班徽
	总结回顾	

十、实践教学

第一课时

（一）导入

出示图片：济南刘家功夫针铺铜版

引导：这块青铜版长 13.2 厘米，宽 12.4 厘米，相当于一只手掌的大小。仔细观察它，说一说你看到了什么。

预设：学生自由讨论，发现版面内容分为三层，第一层栏内刻写"济南刘家功夫针铺"八个字，很显然这是一家店铺的名称；第二层栏内中部画了一幅白兔持杵捣药的图案，两侧分别刻有四个字，连起来念就是"认门前白兔儿为记"；最下面的栏内写了这样一段文字："收买上等钢条，造功夫细针，不误宅院使用。转卖兴贩，别有加饶。请记白。"

（二）新授

引导：铜版最下面一栏里的这段话你怎么理解？

预设：本店收购上等的钢材，精心制造好针，绝不会耽误您家里使用。如果您要买回去再转手贩卖，店家还可以多给一些。请记住我的话。这说明他们家的针用料一流，有信誉，批发还有优惠。

小结：这是一家卖针的店铺用来印刷广告的雕版，版面中间的白兔捣药图案就相当于现在的商标。这块广告青铜版既说明了刘家针铺的商标品牌，又告诉你制造细针的原料质量上乘，如果批发还有优惠。这块不起眼儿的铜版可是目前已知中国乃至世界广告发展史上最早出现的商标广告。

【设计意图】由图片导入本章所学的内容，目的在于通过学生的已有经验引发思考，在话题的引领下启发学生找到解决问题的方法。教师的引导让学生产生好奇心，使学生们不知不觉地进入主动学习的状态当中。

引导：请大家以小组为单位展开讨论，说一说，刘家针铺为什么会选取白兔作为商标呢？

预设：这白兔应当是那只在月宫陪伴嫦娥的玉兔，它使用铁杵捣药的传说家喻户晓，看到它还会让人联想到当年李白受"只要功夫深,铁杵磨成针"启发而发奋苦读成为诗仙的故事,就使得这一标志更加寓意深刻、情趣盎然,深受买家的喜爱。从更深的社会背景看,旧时,会不会女红可以说是考量一个女子贤惠与否的重要标志,因此针这一工具的最终消费者几乎全部是妇女,但她们中识字者寥寥,如果没有图,不仅广告单调,可能商家的任何信息都无法传递给主要的目标顾客。而此广告只凭一幅美图就可引起顾客注意,使买家产生兴趣、印象深刻,文字倒成了陪衬了。

(三)总结拓展

引导:看过济南刘家功夫针铺铜版,你知道商标设计应该包含哪些元素了吗?

预设:商标图案、标题、引导、正文。

【设计意图】在详述铜版的图案及文字后,突出铜版上白兔商标的特别之处,引导学生从此侧重点入手,着力组织学生分析此商标的独特之处,探究该图案背后所蕴含的意义,并引出铜版所在年代的政治、经济、文化背景,发现该商标存在的合理性及必要性。

总结:这块白兔捣药商标广告接近正方形,既有文字又有图案,显示并维护着商标注册人的信誉和权益,保证商品质量,以供消费者选购,同时也是诚信与规则的体现。

拓展:请大家课后阅读《文物里的古代中国》里《最早的商标广告》一章,下节课我们继续学习。

第二课时

(一)导入

过渡:教师简述铜版内容、文物样式,并回顾商标设计包含的元素。

(二)新授

引导:宋代城市人口众多,大都市人口在百万左右,中等城市人口也在十万以上,人们具有较强的消费能力,城市中出现了很多交易市场,商品经济空前活跃,以家庭或家族形式从事手工产品制作的情况很普遍,城市里各类商店和手工业作坊遍布大街小巷。店家纷纷在自家门前挂起招牌,因为多是私营店铺,所以招牌多以店主姓氏为名，像"钱家干果铺""陈家彩帛铺""沈家白衣铺"等等。随着私营工商业的发展，同行间的竞争日益激烈，不少店铺为了推销自己的产品，便在产品上标注制作者的姓名字号。由于一些商品已形成区域化生产，购买者往往认准某一地区的产品，于是产品上的地名标注也多了起来。宋代又是我国古代雕版印刷的鼎盛时期，除了各式各样的店铺招牌广告外，当时还出现了一种很有创意的广告形式——将本店店名、商标和广告词刻成青铜版，印刷成传单形式分发。在日常用品的经营销售中，直接在商品上标出产地和商家名号，以此增加竞争力，是宋代以后非常普遍的现象。

出示图片：湖州仪凤桥石家真正一色青铜镜

引导：这面青铜镜背面左边有长方形的名号字框，刻有"湖州仪凤桥石家真正一色青铜镜"两列字。你从这十四个字中读出了哪些信息？

预设：产地是湖州、店主姓石等。

出示图片：《南都繁会图》

引导：你知道图中的"南都"是今天的什么地方吗？你看到哪些招幌牌匾？这景象又能反映出什么呢？

预设："南都"是今天的南京，能看到"川广杂货""万源号通商银铺"等招牌，画面反映了当时繁华、富庶的市井生活。

出示图片：《货郎图》

引导：这是明代的《货郎图》，请你试着写一首小诗或短文来描述一下图中的场景吧。

预设：学生以诗歌或短文形式描述，在小组内交流，学生间相互评价。

（三）总结拓展

引导：你知道哪些老字号？为什么这些老字号的商品传承百年，提起它们的名字后，仍能赢得人们的信任呢？

预设：在小组内讨论交流同仁堂、稻香村等老字号的故事，以及它们传承百年的秘密。

引导：没有规矩不成方圆，班级也是一个小小的社会，请你开动脑筋为自己的班级设计一个能够体现班级特色或班规、班风的班徽吧！应该加上哪些元素才能更好地展现自己班集体的风貌呢？

预设：学生动手设计，并阐释自己的设计理念，言之有理即可。

【设计意图】让学生细细品读老字号背后的故事，除了那些或传奇或曲折的老字号发展史让同学们记忆深刻，更重要的是带给学生历经岁月洗礼而沉淀下来的老字号精神。领悟老字号的精髓，学生会发现每个老字号的背后都离不开"诚"字，学生会明白诚信是中华民族的传统美德，诚信立业也是老字号得以经久不衰的重要法宝。

总结：济南刘家功夫针铺铜版的出现是广告业的一个开端，它不仅象征着商业的发达，而且传达出店铺的真诚、遵规守则、不弄虚作假的经营品格。它是商业的标签，更是讲诚信、守规则的标签！一件好的商品，要想抢占市场先机，让顾客过目不忘，也必须要有别致的"名头"。商标，便是一件商品的名片。好的商标有多样的价值，是商品"代言人"，也是企业的"无形资产"，是质量与诚信的象征，代表企业的名誉。讲求诚信、遵守规范是立业之基，也是做人之本。企业将产品做大做强，靠的就是形成自己的品牌，企业要想做大做强，获得顾客的信任，必须将诚信作为企业发展的基本准则，将遵守行业标准和法律规范作为企业生存的基石。

十一、拓展推荐

1. 到博物馆中去找一找宋代还有哪些私营店铺、工业作坊。

2. 以拍照或绘画的形式展现更多商标图案，进一步激发学生对商标广告的兴趣，通过实地观察增进了解。

执笔人：李惠霞

第二十六章　以小见大

一、课程概述

本章主要介绍文物行在会子库大壹贯文省铜钞版、印样，使学生了解会子库的起源及重要的历史地位，感受规则的重要性。本章教学以北宋的行在会子库为入手点，以历史上各个时期有名的古钱币为线索，感受中国货币的发展史和文化历程。

二、适用对象

六年级学生

三、教学方法

讲授法、多媒体辅助教学法、实践教学法。

四、目标维度

1.使学生了解行在会子库大壹贯文省铜钞版这件文物的历史背景、发现及收藏地。

2.通过对行在会子库大壹贯文省铜钞版的了解，使学生明白早在宋代就对纸币的发行有明确的规定，并继续了解历史上钱币的发展情况。

3.通过阅古识今，体会规则的真正含义，感受规则的重要性。

五、重点难点

教学重点：通过对行在会子库大壹贯文省铜钞版的观察学习，感受规则的重要意义。

教学难点：理解货币流通对社会的重要影响。

六、前期准备

教师准备：课件，各式铜钱，行在会子库大壹贯文省铜钞版、印样图片，人民币100元、50元、20元、10元面额各一张（每组一份）。

学生准备：课前预习，查阅与本章相关的资料信息。

七、课时安排

1课时

八、关联课程

数学　　　　　一年级《认识人民币》
品德与社会　　五年级《源远流长的历史》

九、流程导图

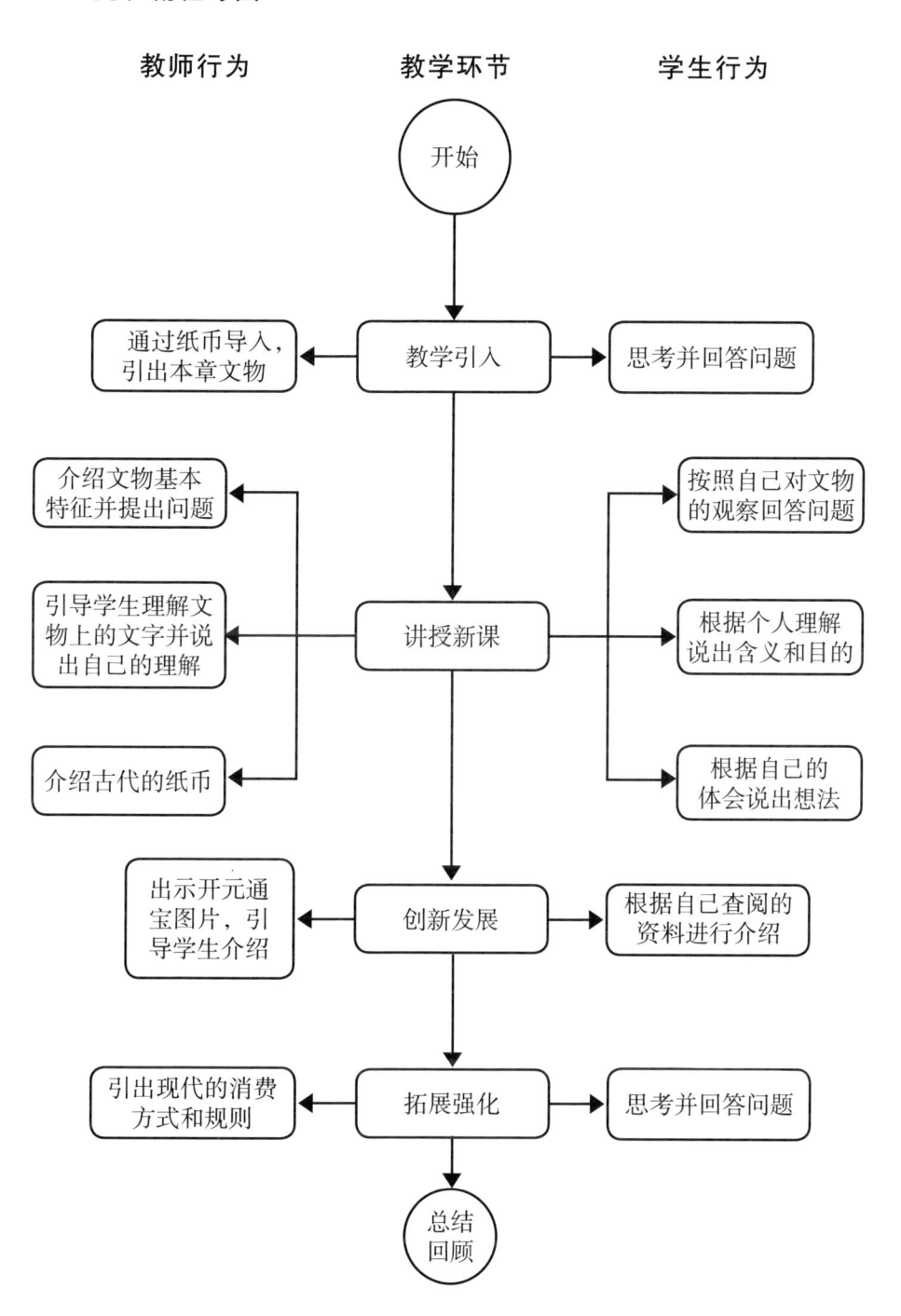

教师行为	教学环节	学生行为

开始
↓

通过纸币导入，引出本章文物 ← 教学引入 → 思考并回答问题

介绍文物基本特征并提出问题 → 按照自己对文物的观察回答问题

引导学生理解文物上的文字并说出自己的理解 → 讲授新课 → 根据个人理解说出含义和目的

介绍古代的纸币 → 根据自己的体会说出想法

出示开元通宝图片，引导学生介绍 ← 创新发展 → 根据自己查阅的资料进行介绍

引出现代的消费方式和规则 ← 拓展强化 → 思考并回答问题

总结回顾

181

十、实践教学

（一）导入

出示实物：100元、50元、20元等纸币

引导：同学们，大家现在看到的是我们目前正在流通的货币，它们面值不同，分别是100元、50元、20元等等。这已经是我们国家发行的第五套人民币了，有没有人能说说这些纸币的特点呢？有没有人能介绍介绍古代的货币是什么样的？

预设：学生描述人民币，并说出古代的货币有铜钱、银子等。

过渡：说到古代货币，给同学们留下深刻印象的大都是铜钱或者金元宝，可是今天老师要为大家介绍的却是古代的纸钱币。

【设计意图】通过出示纸币，引导学生思考古代有哪些钱币，并说出几种知晓的古钱币。

（二）新授

出示图片：行在会子库大壹贯文省铜钞版、印样

引导：这块铜版的长和宽分别是18.4厘米和12.4厘米，请大家拿出尺子按照铜版的大小把它画在纸上。大家是否对铜版已经有了概念？那请你描述一下这块铜版上面都有些什么。查查"行在"是什么意思，"会子库"又代表什么。

预设：学生根据观察发言。

引导：同学们说得都非常棒！上半部框中的文字我们无法看得很清楚，但是作为国家流通的货币，上面的文字会代表着哪些含义呢？除了面值之外还会有什么信息呢？

预设：学生按自己的理解说出方框内文字的含义。

引导：货币对于国家来讲有着举足轻重的作用，所以需要由国家统一设计、印制、发行。如果让你从国家的角度出发设计一款货币，你会设计成什么样子，考虑哪些因素呢？

预设：学生们讨论并发言。

小结：在宋代，伪造货币要受到最严格的惩罚，对伪造货币的犯人处斩，揭发者可以得到赏钱，窝藏犯人者如果自首可以赦免罪过，足见当时律法的严格。由此可见，在货币的制造和流通领域都需要制定并遵守一定的规则，才能保证市场的稳定。元代，纸币制

度被保留下来，1260年印制的"中统元宝交钞"使政府发行的纸币成为唯一合法的货币，实现了纸币制度的统一。1287年，元政府又发行了"至元通行宝钞"。中统元宝交钞、至元通行宝钞与1350年发行的"至正中统交钞"是元代历史上最重要的三种纸币，其中以中统元宝交钞使用时间最长，是流通中最主要的货币。到了清代，官方发行的"户部官票"和"大清宝钞"被合称为"钞票"，这应该就是"钞票"一词的来历。

引导：从古至今，我国的货币经历了几次变革，你能说说货币在我们生活中起到的重要作用吗？

预设：学生发言。

小结：同学们说得都非常好！让我们更加清楚地了解到货币在我们的生活中、在市场的流通中起到的重要作用，也明白了规则对我们生活的影响，大到社会秩序，小到柴米油盐，规则与生活各个方面都息息相关。

【设计意图】了解文物行在会子库大壹贯文省铜钞版、印样的详细情况。

引导：除了我们前边看到的这些重要的纸币之外，历史上还有很多有名的货币。秦统一了六国，也统一了货币，诞生了历史上有名的秦半两，大家思考一下，秦始皇为什么要统一货币呢？

预设：统一货币能推动国家经济的发展和贸易的往来，也同时方便了人们的出行。

出示图片：开元通宝

引导：通过观察这幅图，你能说出这枚货币的名称和它来自哪个朝代吗？

预设：学生观察图片并发言。

小结：同学们说得很好，开元通宝铜钱在中国古代货币发展史中有着举足轻重的地位。唐高祖李渊在建立唐朝的第四年，即621年开始铸造使用开元通宝铜钱。从此，中国的钱币不再像以往那样以重量命名，而是改称"通宝""元宝"或"重宝"。开元通宝是唐代的第一种货币，也是发行量最大、沿用时间最长的货币。开元通宝在质量上有明确的规定，每文重一钱，每十文重一两，每贯(即一千文)重六斤四两。除此之外,你知道"开元通宝"四个字是由谁题写的吗?

预设:欧阳询。

【设计意图】兴趣激发,通过秦半两和开元通宝两枚钱币反映出规则的重要性。

(三)总结拓展

引导:在刚才的学习中我们看到了古代的货币,它们有铜钱也有纸币,大家都知道古代货币有很多都是用贵重金属铸造而成的,货币本身即便不参与流通也是存在价值的。但是纸币的制作材料即便有价值也是微乎其微的,那么它怎么就能流通并且能换取物品呢?

预设:学生讨论发言。

出示图片:信用卡

总结:大家刚刚说得很好,纸币是国家发行的,之所以有价值是因为大众对于国家的信任。图中的信用卡是现在生活中使用率较高的一个卡种,特别是在出国旅游消费时使用十分方便,信用卡在申请办理时要经过严格的审核,并且对于用卡后的还款有明确的要求,它彰显着一个人的信誉度。能按时还款、信誉度良好的人信用卡的透支额度会逐年提高,反之,不能遵守信用卡使用规则的人也会受到相应的处罚。

出示图片:支付宝、财付通、闪付、银联

总结:图片中的这些都是时下最为流行的付款方式,给我们的生活带来了极大的便利,而这些便利背后都体现着一定的规则,守住这样的规则我们的生活就会多了方便,少了麻烦。

【设计意图】通过查阅资料,拓展知识,将查找现在的付款方式作为课后作业。

十一、拓展推荐

1.前往中国国家博物馆,寻找行在会子库大壹贯文省铜钞版,加深对文物的了解,加深对铜钞版上文字的理解,感受规则的重要性。

2.唐代的开元通宝铜钱在中国古代货币发展史上有着举足轻重

的作用，请登录中国国家博物馆官方网站，了解一下除此之外还有哪些影响深远的钱币。

3.前往北京钱币博物馆，了解更多的钱币发展史，从钱币中找到规则的意义。

执笔人：刘悦

第二十七章　座次礼仪

一、课程概述

本章从藏于中国国家博物馆的文物"黄花梨圆后背五接雕花交椅"入手，引导学生了解中国坐具的发展历史，以及与之相关的历史故事，讲解中华传统文化中的座次礼仪，帮助学生在文化的浸润中体会礼仪的重要，在生活中实践礼仪。

"国宝档案"介绍文物黄花梨圆后背五接雕花交椅和《春游晚归图》，展示出坐具的发展历程。"历史足迹"为学生列举了李白的诗作《静夜思》，还介绍了从胡床到交椅的演变过程及第一把交椅的含义。"文物聚焦"通过对太师椅、坐凳和榫卯的介绍使学生了解更多古代坐具与木结构建筑的知识。"阅古识今"引导学生当好小管家，给参加家宴的亲人排座次，实践座次礼仪。

二、适用对象

六年级学生

三、教学方法

讲授法、多媒体辅助教学法、实践教学法。

四、目标维度

1. 认识交椅、太师椅、坐凳等古代坐具，了解传统家具制作工艺——榫卯。通过《水浒传》中梁山好汉排座次的故事，知道座次礼仪中的规则，培养学生的规则意识。

2. 能用自己的语言、照片、绘画等形式将学到的知识分享给更多的朋友。

3. 感受中华传统文化的博大精深，培养学生对中华传统文化的热爱之情，自觉传承践行中华传统文化。

五、重点难点

教学重点：感受文物、故事等背后的规则意识，培养学生对中华传统文化的热爱，自觉学习传承中华传统文化。

教学难点：使学生理解古代坐具的发展过程，并初步了解木结构建筑的简单知识。

六、前期准备

教师准备：相关文物的资料介绍，有关影片、书籍等教学素材。

学生准备：课前预习，查阅与本章相关的资料信息。

七、课时安排

2课时

八、关联课程

语文　　　　　　五年级《猴王出世》

品德与社会　　　三年级《公共场所讲文明》

九、流程导图

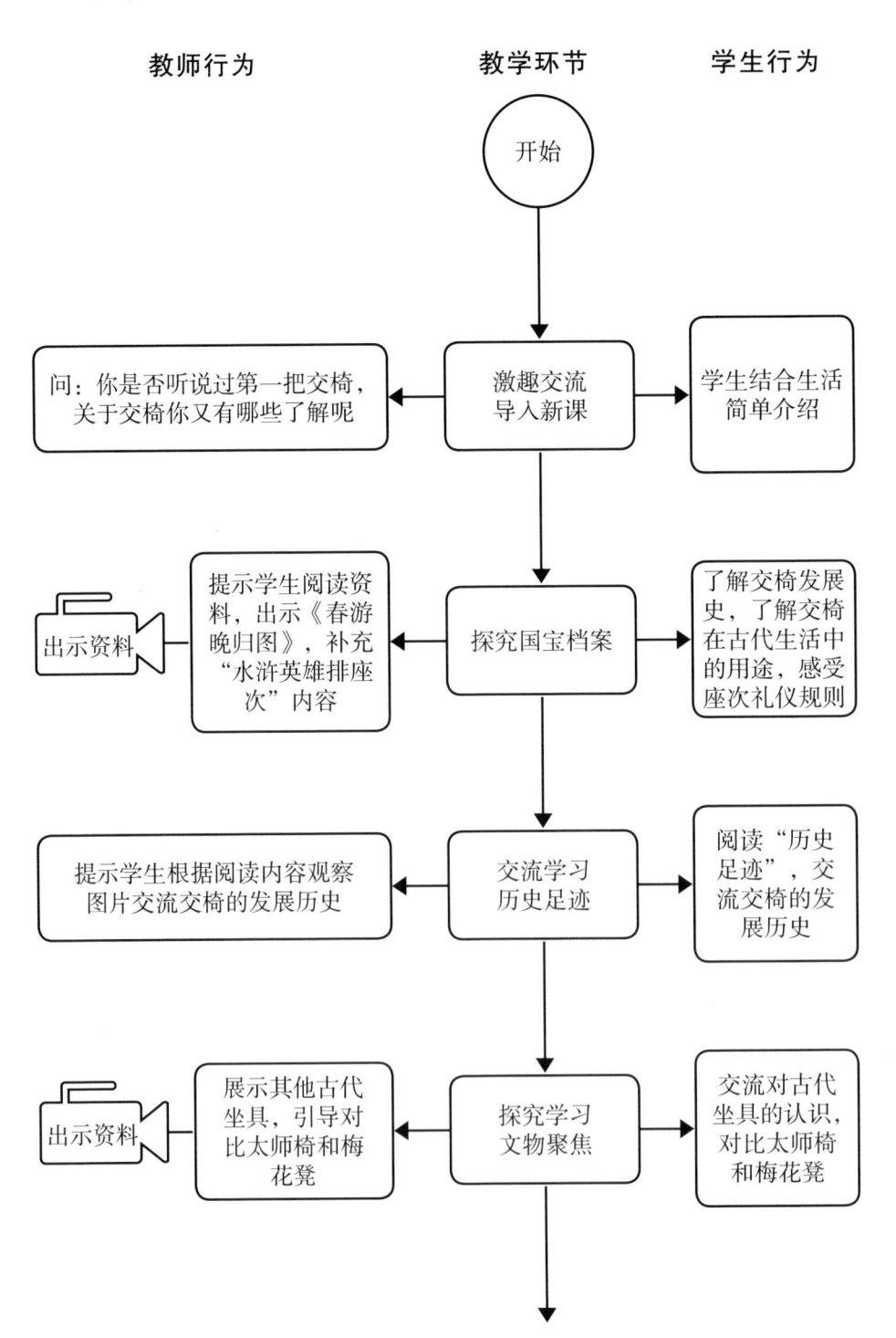

教师行为	教学环节	学生行为
	开始	
问：你是否听说过第一把交椅，关于交椅你又有哪些了解呢	激趣交流 导入新课	学生结合生活简单介绍
出示资料：提示学生阅读资料，出示《春游晚归图》，补充"水浒英雄排座次"内容	探究国宝档案	了解交椅发展史，了解交椅在古代生活中的用途，感受座次礼仪规则
提示学生根据阅读内容观察图片交流交椅的发展历史	交流学习 历史足迹	阅读"历史足迹"，交流交椅的发展历史
出示资料：展示其他古代坐具，引导对比太师椅和梅花凳	探究学习 文物聚焦	交流对古代坐具的认识，对比太师椅和梅花凳

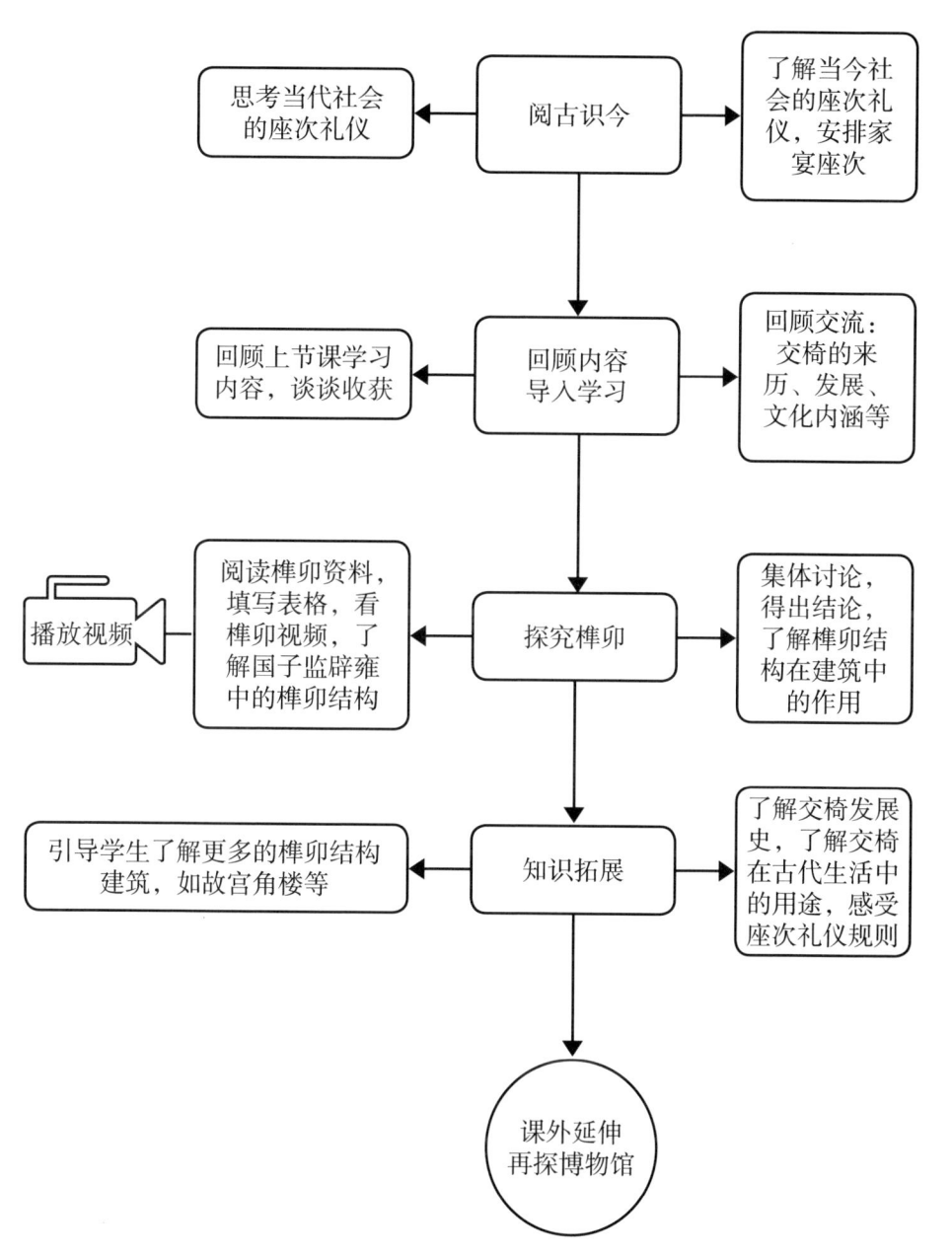

```
[思考当代社会的座次礼仪] ← [阅古识今] → [了解当今社会的座次礼仪，安排家宴座次]
                              ↓
[回顾上节课学习内容，谈谈收获] ← [回顾内容导入学习] → [回顾交流：交椅的来历、发展、文化内涵等]
                              ↓
[播放视频] [阅读榫卯资料，填写表格，看榫卯视频，了解国子监辟雍中的榫卯结构] ← [探究榫卯] → [集体讨论，得出结论，了解榫卯结构在建筑中的作用]
                              ↓
[引导学生了解更多的榫卯结构建筑，如故宫角楼等] ← [知识拓展] → [了解交椅发展史，了解交椅在古代生活中的用途，感受座次礼仪规则]
                              ↓
                        (课外延伸 再探博物馆)
```

写给孩子的传统文化　博悟之旅　教师指导用书　规则

189

十、实践教学

第一课时

（一）导入

引导：听说过"第一把交椅"吗？关于交椅你又有哪些了解呢？

预设：学生结合生活实际简单介绍。

（二）新授

出示图片：黄花梨圆后背五接雕花交椅

引导：请大家看这张图并阅读"国宝档案"部分。

预设：学生阅读"国宝档案"，获得信息并交流收获。

出示图片：《春游晚归图》

小结：《春游晚归图》是宋代名画，现藏于台北故宫博物院。画中绘一老臣骑马踏青回府，前后簇拥着几位侍从，或搬椅，或挑担，或牵马，忙忙碌碌，老臣持鞭回首，仿佛意犹未尽。画作表现了南宋官僚偏安江南时的悠闲生活，令人想起林升的《题临安邸》一诗："山外青山楼外楼，西湖歌舞几时休？暖风熏得游人醉，直把杭州作汴州！"从这里可以看出，交椅是为这位老臣休闲娱乐服务的。

【设计意图】谈话交流中，学生初识本章文物——黄花梨圆后背五接雕花交椅和《春游晚归图》。

出示材料：《水浒传》中排座次的部分内容

水泊梁山天罡星三十六员：

天魁星呼保义宋江	天罡星玉麒麟卢俊义
天机星智多星吴用	天闲星入云龙公孙胜
天勇星大刀关胜	天雄星豹子头林冲
天猛星霹雳火秦明	天威星双鞭呼延灼
天英星小李广花荣	天贵星小旋风柴进
天富星扑天雕李应	天满星美髯公朱仝
天孤星花和尚鲁智深	天伤星行者武松
天立星双枪将董平	天捷星没羽箭张清
天暗星青面兽杨志	天佑星金枪手徐宁

天空星急先锋索超　　天速星神行太保戴宗
天异星赤发鬼刘唐　　天杀星黑旋风李逵
天微星九纹龙史进　　天究星没遮拦穆弘
天退星插翅虎雷横　　天寿星混江龙李俊
天剑星立地太岁阮小二　天平星船火儿张横
天罪星短命二郎阮小五　天损星浪里白条张顺
天败星活阎罗阮小七　　天牢星病关索杨雄
天慧星拼命三郎石秀　　天暴星两头蛇解珍
天哭星双尾蝎解宝　　天巧星浪子燕青

引导：按照座次礼仪，谁应坐在上首？古人通常尊右为上，坐在右手第一位的是谁呢？坐左边第一位的呢？

预设：学生思考后回答。

【设计意图】引导学生通过文学作品认识座次礼仪的历史及意义。

引导：交椅是什么时候从哪里传入中原的？传入后又发生了哪些变化？

预设：学生结合"历史足迹"资料回答。

引导：你知道李白《静夜思》中的诗句"床前明月光，疑是地上霜"中提到的"床"指的是什么了吗？

预设：胡床。

引导：坐具的发展会给人们的生活带来什么影响呢？

预设：变席地而坐为垂足而坐，人们的礼仪动作也发生变化，等等。

【设计意图】了解坐具的发展轨迹。

引导：除了交椅，你还知道哪些古代坐具？能介绍介绍吗？

预设：学生阅读"文物聚焦"部分，结合"小贴士"回答。

引导：谁能说说太师椅给你留下了怎样的印象呢？

预设：太师椅更庄重，更威严，纹饰精美，等等。

引导：对比太师椅和梅花凳两种坐具，你觉得它们有什么区别呢？

预设：从外观上看，太师椅更庄重气派，梅花凳则小巧灵动。

小结：老师来为大家补充一点——太师椅多放在客厅，供长辈坐或待客；梅花凳的使用比较随意，卧室、客厅、饭厅都可使用。

【设计意图】帮助学生拓展视野，了解更多关于坐具历史、发展等方面的知识。

引导：学习了中国古代坐具的一些知识，大家还记得最初坐交椅的规则吗？在哪些场合要注意座次礼仪呢？

预设：外交活动、工作场合、家庭团圆、朋友聚会等不同环境中要遵守不同的座次礼仪。

引导：你能说说现代社会实践座次礼仪要遵守怎样的规则吗？

预设：国际会议——国与国平等；单位开会——领导主座；同学会——老师主座、同学间平等；家庭聚会——长者主座……

引导：请你当个合格的小管家，安排一下家宴的座次，注意别忘了自己。

预设：学生尝试做合格的小管家，安排家宴的座次。

【设计意图】引导学生将知识古今贯通，学以致用。

（三）总结拓展

拓展：课后请同学们观察生活中有哪些坐具，看看各零件是怎样组装到一起的，搜集关于座次礼仪的资料。

第二课时

（一）导入

过渡：教师带领学生回顾上节课内容，谈谈收获。

（二）新授

引导：同学们，上节课我们认识了中国古代家具中非常漂亮的交椅。你们知道它是怎样制作的了吗？各个零件是怎样连接起来的？上节课后老师留了一项作业：观察椅子的零件是怎样组装连接在一起的。谁找到答案了？

预设：通过榫卯连接。

引导：请大家阅读教材中的"榫卯"部分，结合上节课后搜集的榫卯的资料，进一步了解榫卯。

预设：小组合作完成《规则》（下）第86页表格的填写。

小结：榫卯工艺是非常了不起的，用榫卯工艺制作的家具非常结实、耐用。这种工艺也被用在了建筑之上。北京有很多有名的古建筑就是运用榫卯工艺建造的，历经几百年风风雨雨，依然屹立不倒。北京国子监中皇帝讲学的辟雍殿就是其中的一座。

出示图片：国子监辟雍

小结：国子监内的辟雍为乾隆时期所建，是皇帝讲学之所。辟雍可以说是世上唯一一座专门供皇帝讲学的宫殿。国子监辟雍是座四四方方的建筑，通高34米，除石基外，全部为传统的木质结构。大殿为重檐，四角攒尖，上覆黄色琉璃瓦。这些木质结构完美地组合在一起构成牢固的建筑，靠的就是榫卯结构。

【设计意图】帮助学生了解古代坐具制作的知识，了解更多相关的古代文化。

引导：在北京还有很多榫卯结构的古建筑，你能说出有哪些吗？

预设：故宫的角楼、天坛的祈年殿等。

出示图片：故宫角楼

小结：故宫四个角楼九梁十八柱都运用了榫卯结构。很多摄影爱好者都会在角楼下拍摄照片，留下这伟大建筑的迷人风采，记录下神奇的榫卯工艺，同时也记录下这座城市发展的历史。在山西释迦塔、广西真武阁、独乐寺观音阁、瑞士苏黎世传媒集团 Tamedia 大厦等建筑中也有独特的结构，请大家课后进行了解。

【设计意图】拓展认知。

（三）总结拓展

总结：中国古代的先人们非常有智慧，他们的发明创造不断影响着人们的生活。

拓展：榫卯工艺的应用范围很广。推荐大家在课后去参观颐和园、故宫、天坛，观看大殿，进一步了解榫卯结构，或者参观北京古代建筑博物馆，参与馆内有关介绍榫卯知识的活动。

十一、拓展推荐

1.请学生观察生活中坐具的各零件是怎样组装到一起的，从而培养他们自主探究知识的能力，培养发散性思维及创造力。

2.请学生搜集关于交椅的资料，阅读《水浒传》中"英雄排座次"的章节，进一步了解不同场合的座次礼仪，拓展学生视野，提升语文素养。

3.请学生和伙伴一起研究榫卯的样式，合理填写表格并讲清楚填写的原因，从而培养学生合作学习的能力，提高表现力。

十二、注意事项

本章内容还可与六年级劳动技术课程中的"小木工"单元以及三年级科学课程的相关内容关联。

执笔人：崔敏

第二十八章 适者生存

一、课程概述

小学品德与社会学科五年级课文《丧权辱国之痛》中介绍了1894年甲午海战之后，帝国主义国家掀起了瓜分中国的狂潮，中国面临空前的民族危机。面对日益严重的民族危机，中国人民不甘做亡国奴，许多爱国志士开始探索救国救民的道路。著名翻译家、教育家严复借翻译《天演论》阐发自己的观点，呼唤国人觉醒。《天演论》手稿现藏于中国国家博物馆。本章以《天演论》为线索，让学生了解甲午海战等重要历史事件的发生及影响，知道当时爱国人士不甘做亡国奴、不断探索救国救民道路的过程，初步理解社会主义核心价值观中富强、民主的重要性，并通过最后的"阅古识今"环节让学生理解"物竞天择，适者生存"的规律在当今社会依然适用，鼓励学生通过自身不断努力，为祖国强盛贡献力量，切实践行社会主义核心价值观中的"爱国"与"敬业"。

二、适用对象

六年级学生

三、教学方法

讲授法、谈话法、多媒体辅助教学法、情境教学法、启发式教学法。

四、目标维度

1. 以《天演论》为线索，了解在中国处于鸦片战争、甲午战争等重大对外战争失败阴影的历史背景下，爱国人士不甘做亡国奴、不断探索救国救民道路的过程，了解影响中国革命的重大历史事件和英雄人物。

2. 掌握收集、分析、运用信息的能力。

3. 以史为鉴，引发学生对于旧中国落后挨打的思考与探索，初步理解富强民主的重要性。"物竞天择，适者生存"的规则在当今社会依然适用，鼓励学生通过自身不断努力为祖国强盛贡献力量，切实践行社会主义核心价值观中的"爱国"与"敬业"。

五、重点难点

教学重点：以《天演论》为线索，了解甲午战争的历史背景，知道爱国人士不断探索救国救民道路的过程，了解中国革命的重大历史事件和英雄人物。

教学难点：引发学生对于旧中国落后挨打的思考与探索，初步理解富强民主的重要性。"物竞天择，适者生存"的规则在当今社会依然适用，鼓励学生通过自身的不断努力，为祖国强盛贡献力量。

六、前期准备

教师准备：视频资料、课件等教学用具，查询文物资料及历史资料，做好相关知识储备。

学生准备：建议有条件的学生课前借助信息技术查找相关资料。

七、课时安排

1课时

八、关联课程

科学	六年级《人类的进化》
品德与社会	五年级《丧权辱国之痛》

九、流程导图

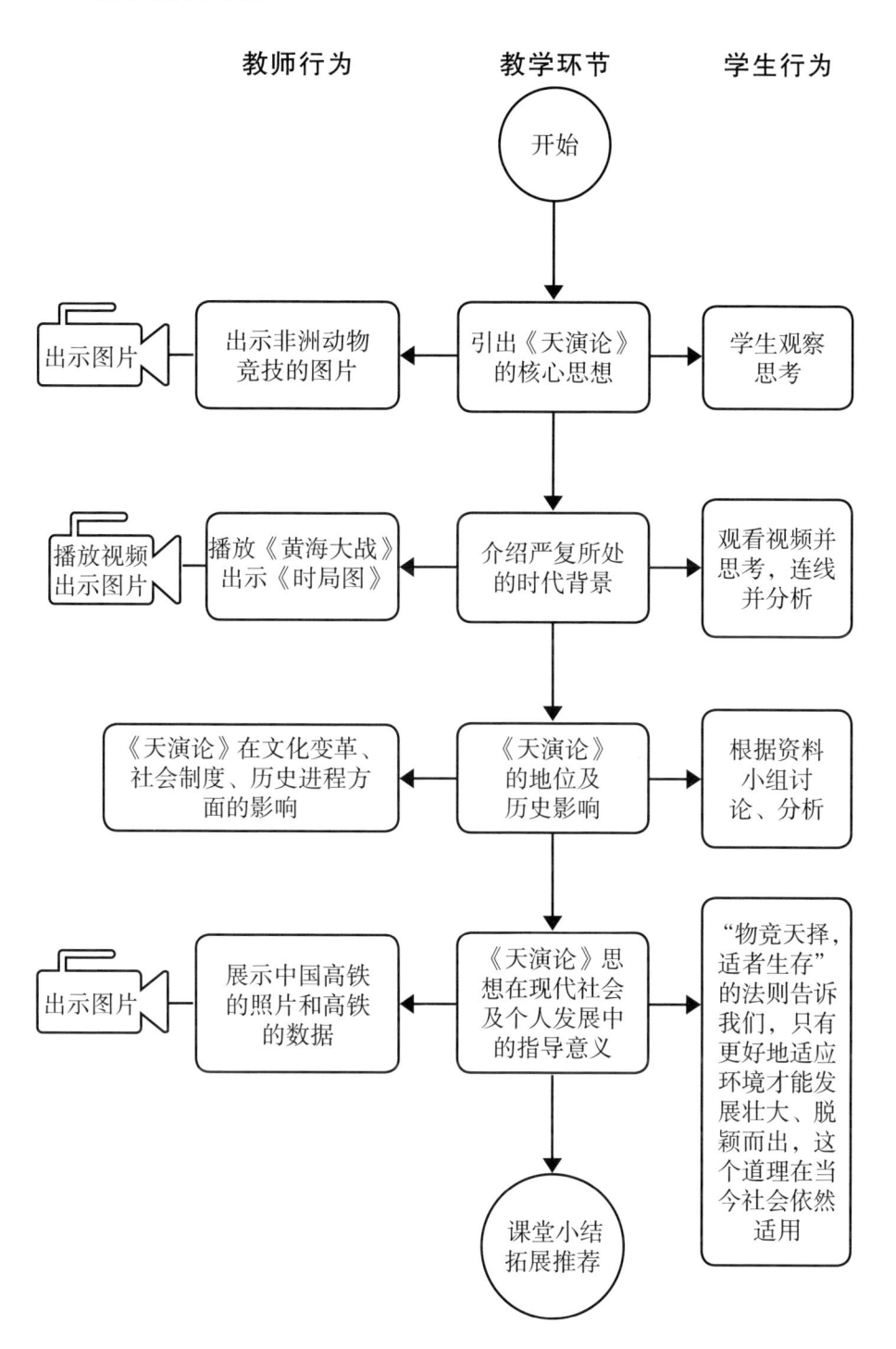

教师行为	教学环节	学生行为
	开始	
出示图片 → 出示非洲动物竞技的图片	引出《天演论》的核心思想	学生观察思考
播放视频 出示图片 → 播放《黄海大战》出示《时局图》	介绍严复所处的时代背景	观看视频并思考，连线并分析
《天演论》在文化变革、社会制度、历史进程方面的影响	《天演论》的地位及历史影响	根据资料小组讨论、分析
出示图片 → 展示中国高铁的照片和高铁的数据	《天演论》思想在现代社会及个人发展中的指导意义	"物竞天择，适者生存"的法则告诉我们，只有更好地适应环境才能发展壮大、脱颖而出，这个道理在当今社会依然适用
	课堂小结 拓展推荐	

十、实践教学

（一）导入

出示图片：非洲的野生动物在自然环境中竞技

引导：看到图片，你想到什么？自然界存在什么生存法则吗？

预设：学生猜想。

过渡：自然环境对动物具有一定的选择性，只有适应环境的动物才能生存下来，这种思想就是达尔文的生物进化论。用我们常听到的一句话概括就是"物竞天择，适者生存"。知道这句话是谁说的吗？出自哪里？它出自严复翻译的《天演论》。

【设计意图】引出《天演论》的核心思想"适者生存"。

（二）新授

1. 介绍《天演论》作品的时代背景和严复的出发点

引导：《天演论》并非严复的原创，而是翻译作品，翻译自赫胥黎的作品《进化论与伦理学》。赫胥黎是达尔文进化论的坚定支持者。《天演论》于1896年译成。19世纪，英国涌现出如拜伦的《唐璜》、雪莱的《西风颂》、狄更斯的《双城记》、哈代的《苔丝》等一系列文学巨著。严复为什么不选择翻译文学作品，而是选择翻译赫胥黎的进化论演讲稿？这与那一时期中国的历史环境有没有关系？我们先来看一段视频。

播放视频：《黄海大战》片段

引导：黄海大战发生的时间、地点是什么？战斗的结果是怎么样的？

预设：发生在1894年，地点在黄海北部海域，北洋水师损失惨重。

引导：对于生物个体而言，为适应环境变化而产生的变化我们称为进化。而对于社会而言，推动社会"进化"的途径就是改革。那么，当时的中国社会为什么需要改革？

预设：面对人们的报国热情和同仇敌忾的杀敌决心，腐败无能的清政府为了维持其摇摇欲坠的统治，竟奉行妥协投降的政策，在拥有当时称得上强大的北洋水师的情况下屡战屡败，大片国土被日本人强占，使中国人民陷入更深的灾难之中。

引导：甲午战争失败后，西方列强以割地赔款为条件威胁清政府，为换来停战，清政府签订了一系列不平等条约，中国成为半殖民地半封建国家并逐步走向亡国的边缘。那么，你知道中国当时究竟被哪些国家所瓜分吗？

出示图片：《时局图》

预设：学生标注《时局图》上每个动物所代表的西方列强及其瓜分的中国地区。

出示资料：诗歌

沉沉酣睡我中华，哪知爱国即爱家！
国民知醒宜今醒，莫待土分裂似瓜。

引导：看到这首诗，你有什么感想？如果你处在当时，你会怎么做？

预设：当时的中国面临着亡国灭种的危机，我会为保卫国家和人民而抗争。

引导：我们再来看，严复没有选择翻译文学作品，而是翻译《天演论》的原因是什么？

预设：唤醒人民保家卫国的热情。

小结：彼时的中国处于亡国的边缘，国家不富强就要被动挨打，他借翻译《天演论》阐发自己的观点，希望推动国家改革走富国强军之路，改变被动挨打的局面。

【设计意图】介绍《天演论》作品的时代背景以及严复的出发点。

2. 介绍《天演论》的历史地位及影响

引导：不改革就要挨打，《天演论》在当时的进步青年中引起了广泛的共鸣，《天演论》成为近代中国一系列维新变革运动的思想启蒙。

出示图片：鲁迅照片

引导：同学们知道他是谁吗？你们都学过他的哪些作品？

预设：鲁迅先生是新文化运动的发起者和领导者之一，他本人也深受《天演论》的影响，他就曾提到自己"一有闲空，就照例地吃侉饼、花生米、辣椒，看《天演论》"。

引导：通过这个小故事，可见《天演论》对近代中国人有怎样的影响？

预设：学生根据自己的理解回答。

出示图片：康有为、梁启超以及京师大学堂照片

引导：《天演论》所宣传的"物竞天择，适者生存"的思想，为戊戌变法提供了思想基础，推动了维新运动的发展，在这次运动中，著名的京师大学堂诞生了。京师大学堂是如今我们所熟知的北京大学的前身，它是中国近代第一所国立大学，它的成立标志着中国近代高等教育的开端。同学们，你们知道什么是维新运动吗？它有怎样的影响？结果如何？

预设：学生分小组查阅资料并讨论。

出示图片：孙中山照片、南京中山陵"天下为公"门额照片

引导：同学们知道他是谁吗？有同学去过南京吗？见过图片中的门额吗？它在哪里？

预设：孙中山，门额在南京中山陵。

小结：维新运动失败了，证明了改良是救不了中国的，中国要走向富强民主，需要一场深刻的社会制度的变革，而彻底改变中国历史进程的就是辛亥革命。

引导：什么是辛亥革命？它取得了怎样的成果？请同学们分小组查阅资料并完成学习单。

预设：辛亥革命发生于农历辛亥年，是一次推翻清朝帝制、建立共和政体的革命。

【设计意图】介绍《天演论》的历史地位及影响。

（三）总结拓展

出示资料：和谐号高铁图片和和谐号高铁"世界之最"的数据

引导：这些数据说明了什么？

预设：我国的高铁技术领先世界。

出示资料：一段新闻

2015年10月，中国与印度尼西亚签署协议，共同负责印度尼

西亚雅加达至万隆总长约150千米的高速铁路建设和运营。这标志着中国高铁第一次全系统、全要素、全产业链地走出国门、走向世界。

小结：中国高铁的成功也给我们带来了启示和思考。"物竞天择，适者生存"的法则告诉我们，只有更好地适应环境才能发展壮大、脱颖而出，这个道理在当今社会依然适用。中国高铁的迅速发展并成功走向世界，就是学习和适应当代交通发展需要、遵从工业发展规律最好的例子。

总结：《天演论》翻译于处于半殖民地半封建深渊的近代中国，在《天演论》"物竞天择，适者生存"思想的启蒙和指导下，经历一系列艰苦卓绝的伟大革命，富强、民主的社会主义新中国终于成立了。希望大家热爱我们的祖国，毕竟当今和平、繁荣的生活来之不易，富强、民主来之不易。《天演论》虽然诞生已逾百年，但其阐述的"物竞天择，适者生存"的道理并不会过时，所以也希望同学们能够深入体会"物竞天择，适者生存"的含义，不断适应当今社会对于人才的要求，才能够在当今飞速进步的社会中发展。"敬业"是对各行各业的普遍要求，而学习就是同学们当前最重要的事业，"敬业"就是要求同学们不断学习，打好知识基础，不断通过学习提升自我，通过不懈努力让我们的祖国在世界上具有更强的竞争力！

【设计意图】强调《天演论》思想在现代社会对个人发展的指导意义。

十一、拓展推荐

参观中国国家博物馆"复兴之路"展厅或通过网络找到《时局图》，了解藏品背后的故事。

执笔人：李雪

第二十九章　军容整肃

一、课程概述

俗话说，没有规矩不成方圆。国有国法，家有家规，军队中更要有铁的纪律。本章的主要文物是一块写有"六项注意"的包袱皮，它是红军战士在长征时期使用过的，目的是为了随时随地提醒自己，不论条件多么艰苦，都要严守铁的纪律，保持人民军队的本色。本章教学包括"三大纪律六项注意"的由来以及演变，让学生了解"三大纪律六项注意"产生的背景，从长征的故事中感受"三大纪律六项注意"产生的意义，从历史中感受法律法规的重要影响。

二、适用对象

六年级学生

三、教学方法

讲授法、启发式教学法、合作学习教学法。

四、目标维度

1. 了解"三大纪律六项注意"的相关知识。
2. 体会纪律在军队中的作用。
3. 感受守纪律的必要性，感受守规则的重要性，从而激发、培养学生遵守纪律的自觉性。

五、重点难点

教学重点：了解"三大纪律六项注意"的相关知识，体会纪律在军队中的作用。

教学难点：感受守纪律的必要性，感受守规则的重要性，从而激发学生遵守纪律的自觉性。

六、前期准备

教师准备：课件等相关教学用具。

学生准备：课前预习，查阅与本章相关的资料信息。

七、课时安排

2课时

八、关联课程

语文　　　　　　五年级《七律·长征》
品德与社会　　　五年级《救亡图存的探索》

九、流程导图

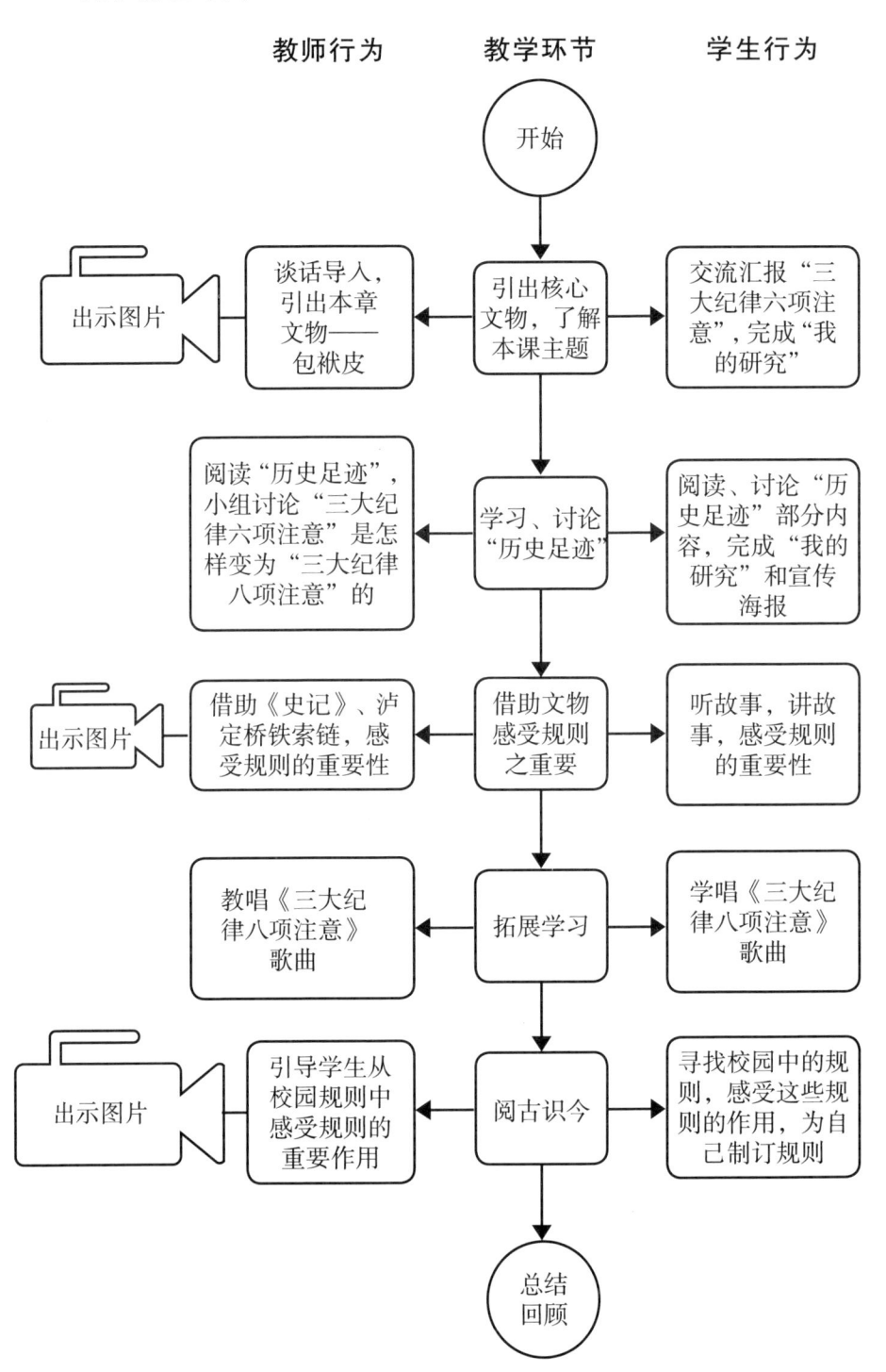

教师行为	教学环节	学生行为

开始
↓

出示图片 → 谈话导入，引出本章文物——包袱皮 ↔ 引出核心文物，了解本课主题 ↔ 交流汇报"三大纪律六项注意"，完成"我的研究"

↓

阅读"历史足迹"，小组讨论"三大纪律六项注意"是怎样变为"三大纪律八项注意"的 ↔ 学习、讨论"历史足迹" ↔ 阅读、讨论"历史足迹"部分内容，完成"我的研究"和宣传海报

↓

出示图片 → 借助《史记》、泸定桥铁索链，感受规则的重要性 ↔ 借助文物感受规则之重要 ↔ 听故事，讲故事，感受规则的重要性

↓

教唱《三大纪律八项注意》歌曲 ↔ 拓展学习 ↔ 学唱《三大纪律八项注意》歌曲

↓

出示图片 → 引导学生从校园规则中感受规则的重要作用 ↔ 阅古识今 ↔ 寻找校园中的规则，感受这些规则的作用，为自己制订规则

↓

总结回顾

十、实践教学

第一课时

（一）导入

出示图片：井冈山斗争时写有"六项注意"的包袱皮

引导：你们知道这张图片上的文物是什么吗？上面写了什么内容？

预设：这是井冈山斗争时写有"六项注意"的包袱皮。

小结：这块包袱皮纵 85.7 厘米，横 94 厘米，是红军战士长征时期使用过的，记录着毛泽东主席因军纪涣散而提出的"三大纪律六项注意"。行军时，战士们用它来包物品，宿营时把它挂起来就是最好的宣传，让大家时刻不忘军规军纪。红军自觉地严格遵守执行，从而获得了百姓的真诚欢迎和拥护。

引导：通过大家的发言，看得出你们课前预习做得非常充分，那就把我们刚刚交流的内容写在"我的研究"中吧。

预设：记录"三大纪律六项注意"的内容，完成"我的研究"。

【设计意图】引出核心文物，了解本章主题，了解"三大纪律六项注意"的相关知识。

（二）新授

引导："三大纪律六项注意"又是怎样变为"三大纪律八项注意"的呢？请同学们阅读"历史足迹"部分，然后小组讨论。

预设：阅读、讨论"历史足迹"部分内容。

小结：红军建立初期，军中旧式军队习气很重，军纪涣散，毛泽东开始提出相应纪律，后来纪律的条文越来越明确，1947 年 10 月 10 日，毛泽东起草了《中国人民解放军总部关于重行颁布三大纪律八项注意的训令》。从此，"三大纪律八项注意"固定下来，成为全军的统一纪律。

引导：请大家把这些内容概括地写在"我的研究"中。

预设：根据交流、讨论，填写"我的研究"。

引导：这一节课，我们了解了"三大纪律六项注意"以及固定下来的统一纪律"三大纪律八项注意"，请大家小组合作，为这些纪律绘制一份宣传海报。

预设：学生小组合作绘制宣传"三大纪律八项注意"的海报。

【设计意图】理清"三大纪律六项注意"变为"三大纪律八项注意"的过程。

（三）总结拓展

总结："三大纪律八项注意"是中国人民解放军初创时期，以毛泽东为代表的老一辈无产阶级革命家在革命战争实践中逐步总结人民军队建设的经验而形成的一部纪律。红军战士用这一纪律严格要求自己，使老百姓看到了一个全心全意为人民服务的军队的形象。这一纪律对于加强军队建设，密切军民关系，增强官兵团结，夺取革命战争的胜利起到了重大的作用。把维护人民群众的利益置于军队纪律最突出的地位，这成为红军区别于其他旧式军队的显著标志。

第二课时

（一）导入

过渡：这节课，老师带领大家一起学习几件文物的知识。

（二）新授

出示图片：《史记》

引导：《史记》是纪传体史书，作者是司马迁。《史记·高祖本纪》中记述了汉高祖刘邦从布衣到皇帝的传奇一生。你对刘邦以及他的治国方略有什么了解吗？

预设：学生交流对刘邦"约法三章"的了解。

小结：刘邦是汉朝的开国皇帝，庙号为太祖，谥号为高皇帝，所以史称太祖高皇帝、汉高祖或汉高帝。刘邦的"约法三章"深得百姓心。正所谓"得民心者得天下"，正是这样严明的军纪才使得刘邦最终能够赢得战争的胜利，成为汉朝的创建者。

出示图片：泸定桥铁索链

引导：约法三章，开创时代。遵守军纪，能打胜仗。这张图片展示的是长征途中飞夺泸定桥故事中的铁索链。让我们一起看一段视频，感受红军战士一切行动听指挥的重要性。

播放视频：电影《飞夺泸定桥》片段

预设：学生交流感受。

引导：红军战士在长征中还有哪些遵守"三大纪律八项注意"

的故事呢？

预设：学生讲故事。

小结：严明的纪律让我们的军队不但深得民心，也成为一支打不垮的队伍。可见严守纪律的必要性和遵守规则的重要性。

【设计意图】借助相关文物，体会纪律在军队中的作用，感受规则之重要。

引导："三大纪律八项注意"在军中的普及除了写在包袱皮上，还有谱曲传唱的方式。就让我们一起来学唱这首歌吧。

预设：学生在演唱中感受军歌的豪迈与雄壮，感受军人的作风。

（三）总结拓展

出示图片：校园中各种规则的图片

引导：从古至今，规则无处不在，我们校园里也有很多的规则，这些规则对我们的学习生活起到什么作用呢？

预设：学生自由发言谈感受。

总结：规则无处不在，红军战士自觉遵守纪律获得了人民的拥护和爱戴，红军成为打不垮的队伍；奥运军团遵守规则、刻苦训练，在赛场上为国争光；队列比赛中每个同学都按照要求做好每一个动作，为集体添光彩；课堂上我们遵守纪律，认真听讲，创设良好的课堂环境。没有规矩不成方圆，我们身边的规则，既是对我们提出的要求，又是我们安全、健康、快乐成长的保障。既然遵守规则那么重要，让我们也根据自己的学习情况，制订一份学习守则吧！

【设计意图】再次感受规则的重要性，激发、培养学生遵守纪律的自觉性。

十一、拓展推荐

1. 参观泸定桥革命文物陈列馆、中国国家博物馆等，看长征，寻足迹，感受军中纪律。

2. 阅读《毛泽东选集》中《中国人民解放军总部关于重行颁布三大纪律八项注意的训令》以及《史记·高祖本纪》、毛泽东诗词《七律·长征》。

3. 观看电影《长征》和《张思德》，直观感受规则的重要性。

4. 寻找校园中的规则，感受到规则的重要性之后，自己尝试制订规则。

十二、注意事项

长征中的故事很多，在长征中红军战士除了严守纪律这一作风，还展现出很多可圈可点的优秀品质，在本章的教学中不宜展开，利用几个小故事使学生感受到遵纪守规的重要性，激发培养其遵守规则的意识。不要无限拓展长征中的故事，而忽视了本章的教学主题。

执笔人：满文莉

第三十章　实事求是

一、课程概述

本章的教学内容以"实事求是"石刻为载体，分为四部分。"国宝档案"部分为"实事求是"石刻的介绍及背景。"历史足迹"部分指出中国共产党在关键时刻做出的每一项重大决策，都是以解放思想、实事求是为前提的。"文物聚焦"讲述成语"实事求是"的来历，探寻众多院校选择"实事求是"作为校训的渊源。"阅古识今"则表明"实事求是"已经成为现代精神文明的重要组成部分，社会主义核心价值观是对"实事求是"精神的推进。

二、适用对象

六年级学生

三、教学方法

启发式教学法、合作学习教学法。

四、目标维度

1. 通过学习使学生了解"实事求是"石刻的历史，了解党在发展过程中做出的每一项重大决策，都是以解放思想、实事求是为前提的。

2. 通过查阅资料、自主探究、交流讨论等活动使学生了解"实事求是"成语的来历，探寻众多院校选择"实事求是"作为校训的原因。

3. "实事求是"是人们在日常生活、工作、学习中必须遵守的科学的行为规范和准则。号召同学们以"实事求是"为做人的原则，做一个诚实守信的人。

五、重点难点

教学重点：理解"实事求是"的内涵，探寻并理解"实事求是"作为院校校训的渊源。

教学难点：理解"实事求是"是人们在日常生活、工作、学习中必须遵守的科学的、合理的、合法的行为规范和准则。在生活中要以"实事求是"为做人的原则，做一个诚实守信的人。

六、前期准备

教师准备：课件等相关教学用具。

学生准备：查找"实事求是"成语的出处、查找以"实事求是"作为校训的院校。

七、课时安排

1课时

八、关联课程

书法	五年级《书写练习》
品德与社会	六年级《改革开放换新颜》

九、流程导图

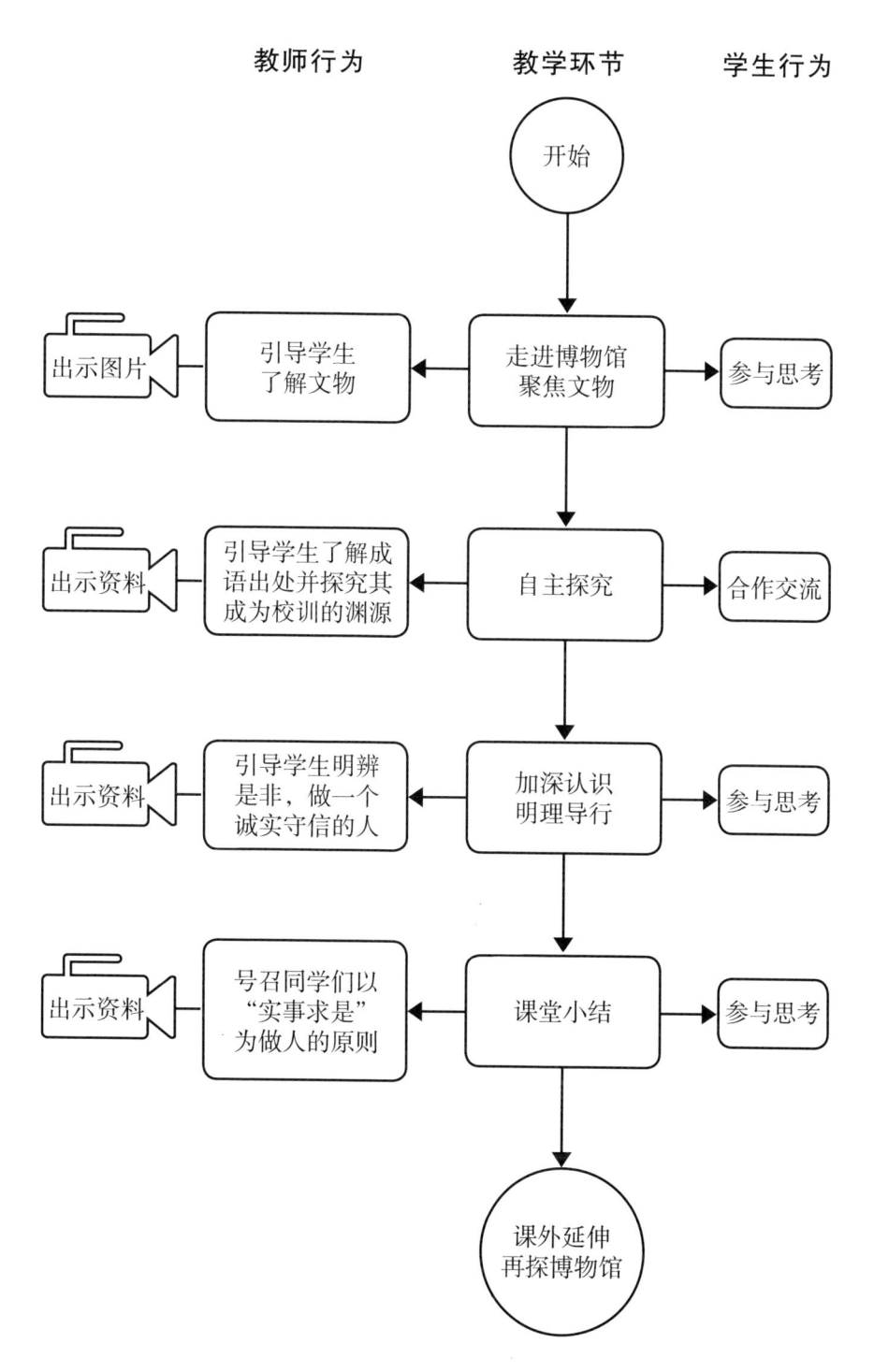

教师行为	教学环节	学生行为

开始
↓

出示图片 → 引导学生了解文物 → 走进博物馆聚焦文物 → 参与思考

↓

出示资料 → 引导学生了解成语出处并探究其成为校训的渊源 → 自主探究 → 合作交流

↓

出示资料 → 引导学生明辨是非，做一个诚实守信的人 → 加深认识明理导行 → 参与思考

↓

出示资料 → 号召同学们以"实事求是"为做人的原则 → 课堂小结 → 参与思考

↓

课外延伸再探博物馆

十、实践教学

（一）导入

引导：同学们，你们知道什么是"实事求是"吗？说一说你们对"实事求是"的理解。

预设：按照事物的实际情况办事。

【设计意图】让学生说一说对"实事求是"的理解，唤起学生的兴趣。

过渡：让我们一起走近博物馆中的文物，我相信通过今天的学习你一定会加强对"实事求是"的理解！

（二）新授

引导：同学们，在延安革命纪念馆有一件镇馆之宝，你们知道是什么吗？

出示图片："实事求是"石刻

引导："实事求是"是1943年毛泽东写给中央党校的题词。这组石刻由四块二尺见方的题字组成，上面完好地刻有毛泽东为延安中共中央党校大礼堂落成所写的亲笔题词。毛泽东认为，"是"是事物的规律，"求是"就是认真追求、研究事物的发展规律，找出周围事物的内部联系，作为我们工作的指导。

引导：这组"实事求是"石刻是怎么保存至今的？毛泽东为什么将"实事求是"作为中央党校的校训？

预设：学生根据自己的理解回答。

引导：毛泽东将"实事求是"作为中央党校的校训，那么"实事求是"这一成语出自哪里呢？课前老师让同学们查阅了"实事求是"成语的出处，请用你喜欢的方式把你查阅的资料与同学们分享。

预设：学生分享课前收集的资料。

小结：老师也有一些资料想跟大家分享。

汉景帝时期，河间王刘德非常喜好儒学，他读儒学经典时总是根据实例求证真相。他从民间发现好书后就亲自前去以重金购买，并命人重抄一份留给百姓，对不愿出让的，他就好言求之，从不采取强制手段。这对当时的绝大多数上位者来说，是难以做到的，因此刘德名远扬，许多有才学的人都不远千里，携先祖旧书，送给刘德。刘德亲自对所得之书进行研究、整理。刘德整理古籍的态度极为严谨，对残缺不全、字异文非和不同版本的古籍，必组织群儒进行研讨辨析、勘误订正、精心校理后，才整理成册。经过艰苦的校勘工作，刘德整理出大批的正本古籍，对于书典十分匮乏的汉朝来说，真是雪中送炭。班固在《汉书》中专门为之立传，以"实事求是"评价刘德严谨治学的精神。

引导：刘德的哪些做法能够体现"修学好古，实事求是"？对于你的启发是什么？

预设：学生自由发言谈感受。

【设计意图】用喜欢的方式把查阅到的"实事求实"成语的出处与同学们分享，目的是使学生了解"实事求是"成语的含义。

引导：毛泽东将"实事求是"作为中央党校的校训。请你探寻还有哪些院校也以"实事求是"为校训，以及为什么要倡导"实事求是"的校训。

预设：学生分组研究，把探寻的结果进行交流，并在中国地图上记录探寻的足迹。

出示资料：以"实事求是"为校训的院校照片及介绍

1. 天津大学

首倡将"实事求是"作为校训的是原北洋大学（天津大学的前身）校长赵天麟。赵天麟任校长期间（1914—1920），总结了北洋大学近二十年的办学经验，概括出"实事求是"四个字，以之教导学生，成为校训，一直沿袭至今。以实事求是的精神对待科学技术知识、端正学风，对昔日的北洋大学和今天的天津大学在治学、育人诸方面都起到积极作用，产生了深远影响。

2. 湖南大学的前身、中国古代四大书院之一——岳麓书院

第二个推崇"实事求是"校训的是湖南公立工业学校校长宾步程。1917年迁入岳麓书院的湖南公立工业学校的校长宾步程深知，"实事求是"这一理念对引导学生形成从客观事实出发追求真理的

良好习惯起着重要作用,因而大加倡导。宾步程为岳麓书院手书"实事求是"匾额。在书院讲堂两旁还有宾步程写的楹联:"工善其事必善其器,业精于勤而荒于嬉。"这副楹联与"实事求是"匾额相呼应,告诫工科学生在做人的态度和处事的作风上不能懈怠,必须精益求精,注意方法,解决问题。1916年至1919年,青年毛泽东曾经寓居岳麓书院半学斋,与同伴们研讨革命真理。很自然地,岳麓书院"实事求是"的校训,也深深刻印在了毛泽东的心中。

3.中国人民大学

走进中国人民大学东门,镌刻在巨石上的"实事求是"四个大字便映入眼帘,浑厚的石头,朴素、深沉的字体,沧桑中凝聚着一股令人折服的精神和光芒。中国人民大学的前身是1937年诞生于抗日战争烽火中的陕北公学,以及后来的华北联合大学、北方大学和华北大学。在80年的发展过程中,中国人民大学师生一直坚持以"实事求是"为各项工作的原则,保持、继承并发扬这一优良传统,并赋予了它新的内涵。1992年6月15日,在中国人民大学55周年校庆前夕,"实事求是"被正式确定为校训,80年来,"实事求是"影响了一代又一代莘莘学子。他们秉承校训,不哗众取宠,不沽名钓誉,认真为人,踏实做事。他们坚持自己的信念,坚持独立思考,坚持追求真理。

4.其他大学

湖南大学新时期的校训:实事求是,敢为人先

中国青年政治学院校训:实事求是,朝气蓬勃

宁波大学校训:实事求是,经世致用

河北大学校训:实事求是,笃学诚行

【设计意图】通过对那些以"实事求是"作为校训的院校的探寻,使学生体会到"实事求是"影响了一代又一代的人。在我们的学习生活中也要以"实事求是"的精神,认真做人,踏实做事。

(三)总结拓展

引导:"实事求是"保证着社会运转的有序规范,是人们在日常生活、工作、学习中必须遵守的科学的行为规范和准则。社会主

义核心价值观的倡导正是对"实事求是"精神的推进。对我们来说，"实事求是"表现在工作和学习上就是专心致志、认真踏实、实事求是，表现在人际交往中就是真诚待人、互相信赖，表现在对待国家和集体的态度上就是奉公守法、忠厚老实。请看下面这几个场景，说一说，如果是你，你会怎么做。

出示资料：几个场景

考场上……

别催，在赶呢！快点儿啊，老师刚过去！

动作别太大！　你手伸长点儿啊！

小林怎么面对家长的询问……

你和小明是无话不谈的好朋友，近期小明因为经常课上看课外书而影响了学习，当班主任找你问起小明的情况……

做作业时……

预设：学生以自己的经验回答。

【设计意图】通过议一议学生身边常见的事例，使学生能辨析是非，增强对"实事求是"的认识。

引导：在生活中你是不是一个讲诚信的人呢？请你讲一讲发生在身边的践行"实事求是"的小故事。

预设：集体交流。

总结：同学们，"实事求是"这四个字看似朴实无华，却从古到今永不褪色。它提醒着我们要勤学善思、脚踏实地，鼓舞着我们以求真务实、谦虚谨慎的态度一步一个脚印地朝着理想迈进。

拓展：同学们，从"实事求是"的石刻中我们探寻到了许多知识。课下，请大家书写"实事求是"并按你们喜欢的样式制作书签。请你走进中国国家博物馆继续寻找一些有价值的石刻文物，看看它们还会告诉我们哪些信息。

【设计意图】拓展所学内容，进一步激发学生对石刻的兴趣。

十一、拓展推荐

参观中国国家博物馆

活动目的：学生从"实事求是"石刻中探寻到了许多知识。走进中国国家博物馆继续寻找一些有价值的石刻文物，进一步激发学生对石刻的兴趣。

活动材料：相机、笔、纸等。

活动方法：寻找——记录——探究。

执笔人：景淑节